ΕΚΛΟΓΑΙ

Einführung in das neutestamentliche Griechisch

mit einem Anhang ausgewählter Platon-Texte

von Lutz Lenz, Kurt Roeske
und Hartmut Ruhbach

Mit exegetischen Erklärungen von
Otto Böcher, Klaus Haacker, Ehrhard Kamlah
und Heinrich Seesemann

Teil 2

Neukirchener Verlag

Neukirchener Verlag
Verlagsgesellschaft des Erziehungsvereins mbH, Neukirchen-Vluyn

Gesamtherstellung: Breklumer Druckerei Manfred Siegel KG
Printed in Germany – ISBN 3-7887-0392-X

Die Deutsche Bibliothek – CIP-Einheitsaufnahme

Eklogai: Einführung in das neutestamentliche Griechisch; mit einem Anhang ausgewählter Platon-Texte / von A. Paul und H. Ruhbach. Mit exegetischen Erklärungen von Otto Böcher ... – Neukirchen-Vluyn: Neukirchener Verl.
Teilw. in griech. Schr. – Teil 1 und 2 verf. von Lutz Lenz; Kurt Roeske; Hartmut Ruhbach
Teil 2. – 9. Aufl. – (1998)
ISBN 3-7887-0392-X

Inhalt

Vokabeln zu den Lektionen

Die mit einem * gekennzeichneten Wörter sind im Neuen Testament weniger als zehnmal belegt. Die vollständige Stammformenreihe der unregelmäßigen Verben ist jeweils in der Stammformentabelle des Buches (S. 59ff) nachzuschlagen. Im Vokabelverzeichnis ist daher nur das in der Lektion vorkommende neue Tempus angegeben.

Lektion 1

1	εἷς	einer
	* ὁ ἰατρός	der Arzt
	ἐστίν (enkl.)	er, sie, es ist: 3. Sg. Präs. von εἶναι = sein
	* σαρκικός	fleischlich, aus Fleisch (bestehend)
	τε (nachgest. u. enkl.)	und
	καί	und, auch
	τε καί, τε . . . καί . . .	sowohl . . . als auch . . .
	πνευματικός	aus Geist (bestehend)
	* γεννητός	gezeugt
	* ἀγέννητος	ungezeugt
	ἐν m. Dat.	in, auf, bei (auf die Frage: wo?)
	ὁ ἄνθρωπος	der Mensch
	ὁ θεός	Gott, der Gott
	ὁ κύριος	der Herr
2	ἀκούω	hören
	ἡμῶν	Gen. des Personalpronomens der 1. Pers. Pl., hier possessiv gebraucht: ὁ θεὸς ἡμῶν = unser Gott
	ὁ υἱός	der Sohn
	ἐστέ (enkl.)	ihr seid
	ὑμῶν	Gen. des Personalpronomens der 2. Pers. Pl., hier possessiv gebraucht
	ὁ λαός	das Volk
	ἅγιος	heilig
	εἶ	du bist
	σου (enkl.)	Gen. des Personalpronomens der 2. Pers. Sg., hier possessiv gebraucht
3	ὁ δοῦλος	der Sklave
	ὑπακούω (ἀκούω)	gehorchen
	μετά m. Gen.	mit
	ὁ φόβος	die Furcht
	* ὁ τρόμος	das Zittern
	ὡς	wie

	μή (in der Regel bei allen Modi außer Ind., sowie bei Inf. u. Part.)	nicht
	* ὁ ἀνθρωπάρεσκος (ἄνθρωπος)	der Menschenknecht
	ἀλλά	aber, sondern
4	* θησαυρίζω	aufspeichern, ansammeln
	ὑμῖν	euch (Dat. des Personalpronomens der 2. Pers. Pl.)
	ὁ θησαυρός	der Schatz
	ὅπου	wo, wohin
	* διορύσσω	(eine Mauer) durchgraben, einbrechen
	κλέπτω	stehlen
	δέ	aber, vielmehr
	ὁ οὐρανός	der Himmel
	οὐ, οὐκ, οὐχ (in der Regel beim Ind.)	nicht
	οὐδέ	und nicht, auch nicht, nicht einmal
5	ὁ ναός	der Tempel
	αὐτός	er, Personalpron. der 3. Pers. Sg., Genetiv hier possessiv gebraucht
	ὁ θρόνος	der Stuhl, der Thron
	ὁ ὀφθαλμός	das Auge
	εἰς m. Akk.	in . . . hinein, zu . . . hin, auf
	(ἀπο)βλέπω	(weg)blicken, hinsehen auf
	* τὸ βλέφαρον	das Augenlid, Auge
	* ἐξετάζω	prüfen
	δίκαιος	gerecht
6	πολλοί	viele
	τὸ ἔργον	das Werk, die Tat, Arbeit, Aufgabe
	καλός	schön, gut
	διά m. Akk.	um . . . willen, wegen
	ποῖος	welcher, wie beschaffen
	ἐμέ	mich
	* λιθάζω	steinigen
	περί m. Gen.	in Hinsicht auf, wegen
	σε (enkl.)	dich
7	ἀγαθός	gut
	ἐκ m. Gen.	aus, von
	ἐκβάλλω	hervorbringen
	πονηρός	schlecht, böse
8	ἡμεῖς	wir
	μωρός	töricht
	ὑμεῖς	ihr
	φρόνιμος	verständig, klug

9	σύ	du
	τίς (Fragewort)	wer, was für ein
	ἐγώ	ich
	εἰμί (enkl.)	ich bin
	ὁ χριστός	der Gesalbte
	τί (Fragewort)	was
	οὖν	also, nun, da
	τί οὖν	was denn
	λέγω	sagen, reden
	οὔ	nein
	βαπτίζω	(ein-, untertauchen) taufen
	ἐν m. Dat.	1. in, auf, bei 2. mit, durch (instrumental)
	εἰ	wenn
10	ὅς	welcher, wer (Relativpronomen)
	ἔχω	haben, halten
11	* ὀρθός	gerade
	νεύω	nicken

Lektion 2

1	ὅστις (ὅς)	wer auch immer; jeder, der
	* ἀγγαρεύω	nötigen
	* τὸ μίλιον	die Meile (ca. 1500 m)
	εἷς, ἕν	einer, eines
	ὑπάγω	gehen, weggehen
	δύο	zwei
2	ἡ ἀγάπη	die Liebe
	* στασιάζω	sich auflehnen
	* δίχα m. Gen.	ohne
	οὐδέν (οὐδέ, ἕν)	nichts
	* εὐάρεστος, ον	angenehm, wohlgefällig
	ἡμᾶς	Akk. zu ἡμεῖς
	ὁ δεσπότης	der Herr
	ὑπέρ m. Gen.	zum Besten, zum Vorteil von, für
3	ἡ διδαχή	die Lehre
	διά m. Gen.	durch
	δώδεκα	zwölf
	ὁ ἀπόστολος	der Apostel, Abgesandte
	ἡ ὁδός	der Weg
	εἰσί(ν) (enkl.)	sie sind, es gibt
	εἷς, μία, ἕν	einer, eine, eins
	ἡ ζωή	das Leben
	ὁ θάνατος	der Tod, die Todesgefahr, Todesnot

	* ἡ διαφορά	der Unterschied
	πολλή	Fem. Sg. zu πολλοί (cf. 1,6): viel, hier: groß
	μέν	(disjunktive Partikel) einerseits, zwar (bleibt oft unübersetzt)
	* μεταξύ m. Gen.	zwischen
	οὗτος, αὕτη, τοῦτο	dieser, diese, dieses Demonstrativpronomen
	πρῶτον	erstens, zuerst, vor allem
	ἀγαπάω	lieben
	(ἀγάπη)	
	δεύτερον	zweitens
	ὁ πλησίον	der Nahestehende, Nächste, Mitmensch
	σεαυτοῦ, -ῆς, -οῦ	reflexives Personalpronomen der 2. Pers. Sg.
4	ἐξ (vor Vokalen), ἐκ m. Gen.	aus, von (cf. 1,7)
	ὅλος, -η, -ον	ganz
	ἡ καρδία	das Herz
	ἡ ψυχή	die Seele, das Leben
	ἡ διάνοια	der Verstand
5	ὅτι	daß; da, weil, denn
	ἡ ἀλήθεια	die Wahrheit
	πιστεύω	glauben
	ἐλέγχω περί m. Gen.	jem. einer Sache überführen, jem. etwas nachweisen
	ἡ ἁμαρτία	die Sünde
	διὰ τί	weswegen (cf. 1,3; 1,8)
6	ἡ δόξα	1. der Ruhm, die Ehre, der Preis; 2. der Glanz, die Herrlichkeit
	τὰ ὕψιστα	(die höchsten Höhen), die Höhe, der Himmel
	ἐπί m. Gen.	auf, an, bei, vor (auf die Fragen: wo? u. wohin?)
	ἡ γῆ	die Erde, die Welt
	ἡ εἰρήνη	der Frieden
	* ἡ εὐδοκία	der gute Wille; die (göttliche) Huld, das (göttliche) Wohlgefallen
7	**ὅτι**	daß; weil; entspricht auch einem Doppelpunkt, sog. ὅτι citativum
	ἐπί m. Dat.	auf, an, bei, vor (auf die Frage: wo?) (cf. 2,6)
	* ἡ πέτρα	der Fels
	οἰκοδομέω	bauen, errichten
	μου (enkl.)	Gen. zu ἐγώ
	ἡ ἐκκλησία	die Kirche, die Gemeinde
	ἡ πύλη und αἱ πύλαι	das Tor
	ὁ ᾅδης, -ου	der Hades, die Unterwelt (als Aufenthaltsort der Toten)
	* κατισχύω m. Gen.	den Sieg davontragen über
8	ὁ διάκονος	der Diener, Helfer

*	ὑπέρ (Adverb)	noch mehr
	ὁ κόπος	die Mühe, Anstrengung, Arbeit
	περισσός, -ή, -όν	außergewöhnlich
	περισσότερος, -α, -ον	Komparativ zu περισσός: mehr
	ἡ φυλακή	das Gefängnis, die Wache
	ἡ πληγή	der Schlag, Hieb
*	ὑπερβαλλόντως (ὑπέρ)	in weit höherem Maße
	πολλάκις (πολλοί)	häufig, oft
*	ἡ ὁδοιπορία (ὁδός)	die Reise
*	ὁ κίνδυνος	die Gefahr
	ὁ ποταμός	der Fluß
	ὁ λῃστής	der Räuber
*	ἡ ἐρημία	die Einöde
	ἡ θάλασσα	das Meer
*	ὁ ψευδάδελφος	der falsche Bruder (der christl. Bruder zu sein vorgibt, ohne es zu sein)
*	ὁ μόχθος	die Anstrengung, Mühe
	χωρίς m. Gen.	abgesehen von, ausgenommen, ohne
*	παρεκτός	außerhalb
*	ἡ μέριμνα	die Sorge
9	πλουτέω	reich sein
*	ἐμπίπτω	hineinfallen, hineingeraten
	ὁ πειρασμός	die Versuchung, Anfechtung
	ἡ ἐπιθυμία	das Verlangen, die Begierde, Lust
*	ἀνόητος (διάνοια)	unverständig, unvernünftig, töricht
*	βλαβερός, -ά, -όν	schädlich
*	βυθίζω	jem. in etwas stürzen, versenken
*	ὁ ὄλεθρος	das Verderben
	ἡ ἀπώλεια	das Verderben
	ἡ ῥίζα	die Wurzel
	γάρ	nämlich, denn
	τὸ κακόν	das Böse, die Schandtat, Untat
*	ἡ φιλαργυρία	die Geldgier, Habsucht
	φεύγω m. Akk.	etwas meiden, fliehen, sich von etwas zurückhalten

Lektion 3

1	μηδείς, μηδεμία, μηδέν (μή, εἷς)	keiner, keine, kein, nichts

	πειράζω (πειρασμός)	jem. auf die Probe stellen, in Versuchung führen
	ἀπό m. Gen.	von . . . her; von (jemandem veranlaßt)
	* ἀπείραστος, -ον m. Gen.	ohne Versuchung zu etwas (jem., der sich nicht zu etwas versuchen läßt)
	αὐτός, -ή, -ό	1. er, sie, es (cf. 1,6) 2. selbst
	ἕκαστος, -η, -ον	jeder
	ὑπό m. Gen.	von (zur Bezeichnung des Urhebers beim Passiv)
	ἴδιος, -α, -ον	eigen, privat
	* ἐξέλκω	fortreißen
	* δελεάζω	verlocken
	εἶτα	dann, danach
	τίκτω	gebären
	* ἀποκύω	gebären
2	τυφλός, -ή, -όν	blind
	ἀναβλέπω	wieder sehend werden
	* λεπρός, -ά, -όν	aussätzig
	καθαρίζω	reinigen
	κωφός, -ή, -όν	taub
	νεκρός, -ά, -όν	tot
	ἐγείρω	auferwecken
	πτωχός, -ή, -όν	bettelarm
	εὐαγγελίζω	(das Evangelium) verkünden
3	λέγω	sagen (cf. 1,8), reden, nennen (cf. 1,11)
	ναί	ja
	* καθολικός, -ή, -όν	allgemein
	ἄλλος, -η, -ο	ein anderer
	παρά m. Dat.	bei
	σέβομαι	verehren
4	* ἔνδοξος, -ον (δόξα)	berühmt, angesehen
	* ἄτιμος, -ον	entehrt, verachtet
	ἄχρι m. Gen.	bis zu
	ἄρτι	jetzt, eben
	ἡ ὥρα	die Stunde, der Augenblick
	* γυμνιτεύω	schlecht gekleidet sein
	* κολαφίζω	mißhandeln
5	* ὀνειδίζω	schmähen, schelten, beschimpfen
	μακάριος, -α, -ον	selig, glücklich
	ἐπί m. Akk.	auf, zu, über, gegen (auf die Fragen: wo? und wohin?)
	ὑμᾶς	Akk. zu ὑμεῖς
	ἀναπαύομαι	sich ausruhen, ruhen
	τις (enkl.)	(irgend)einer, jemand
	πάσχω	(Strafe) leiden

	ἤ	oder
	ὁ κλέπτης (κλέπτω)	der Dieb
	* ὁ κακοποιός (κακόν)	der Übeltäter, Verbrecher
	* ὁ ἀλλοτριεπίσκοπος (ἄλλος)	1. der Hehler; 2. der Denunziant; einer, der sich in fremde Dinge einmischt
	* αἰσχύνομαι	sich schämen
	δοξάζω (δόξα)	rühmen, preisen, ehren
6	ὁ τύπος	das Vorbild, Muster
	γίνομαι	werden, geschehen
	πιστός, -ή, -όν	glaubwürdig, zuverlässig, gläubig
	ὁ λόγος (λέγω)	das Wort, die Rede
	* ἡ ἀναστροφή	das Betragen, die Lebensführung
	* ἡ ἁγνεία (ἅγιος)	die Reinheit, Keuschheit
	ἕως (Konjunktion)	bis, solange
	ἔρχομαι	kommen, gehen (Bewegung)
	προσέχω m. Dat.	sich kummern um
	ἡ διδασκαλία (διδαχή)	der Unterricht, die Unterweisung, Lehre
	* ἐπέχω m. Dat.	achtgeben auf
	ἐπιμένω m. Dat.	bei etwas bleiben, verharren
7	προσεύχομαι	beten
	* ἀκατακάλυπτος, -ον	unverhüllt
	ἡ κεφαλή	der Kopf
	καταισχύνω (αἰσχύνομαι)	schänden, entehren
	ὀφείλω	verpflichtet sein, müssen; negativ: nicht dürfen
	* κατακαλύπτω	verhüllen
	ἡ δόξα	1. der Ruhm; 2. der Glanz, die Herrlichkeit (cf. 2,6); 3. der Abglanz
8	ὑπομένω (ἐπιμένω)	bleiben, standhalten, durchhalten, aushalten
	* συμβασιλεύω	mitherrschen
	ἀρνέομαι	verleugnen
	ἐκεῖνος, -η, -ον	jener; der (auf Entferntes, Bekanntes, vorher Genanntes weisend)

Lektion 4

1	ἔσομαι	Fut. zu εἰμί
	εἰς m. Akk.	dient zur Bezeichnung des Prädikatsnomens bei εἶναι (bes. bei ἔσεσθαι) und γίνεσθαι
	ἡ σάρξ, -κός	das Fleisch, der Leib; das sündhafte Leben
	(σαρκικός)	
	ὥστε	daher, so daß
	οὐκέτι	nicht mehr
	(οὐκ)	
2	σπείρω	säen
	θερίζω, θερίσω (Fut.)	ernten
	* ἡ φθορά	der Untergang
	τὸ πνεῦμα, -τος	der Geist
	(πνευματικός)	
	αἰώνιος, -ον	ewig
	ἄρα	folglich
	ἄρα οὖν	folglich also (Folgerung u. Übergang)
	ὁ ἀδελφός	der Bruder (auch im übertragenen Sinn Bezeichnung der Christen untereinander)
	ὁ ὀφειλέτης	der Schuldner
	ὀφειλέτης εἰμί m. Dat. u. Gen.	jem. o. etwas verpflichtet sein zu etwas
	(ὀφείλω)	
	κατά m. Akk.	entsprechend, gemäß, nach; dient häufig zur Umschreibung des Adverbs
	κατὰ σάρκα	fleischlich
	ζῶ (‹ ζάω), ζήσω	leben
	(ζωή)	
	μέλλω m. Inf.	müssen, sollen, gewiß . . . werden (von einem in Zukunft sicher eintretenden Ereignis), im Begriff sein, beabsichtigen
	ἀποθνῄσκω	sterben
	(θάνατος)	
	* ἡ πρᾶξις, -εως	die Handlung; hier: böse Tat, Schandtat
	τὸ σῶμα, -τος	der Leib
	θανατόω	töten
	(θάνατος)	
	ὅσος, -η, -ον	wieviel
	ἄγω	führen, leiten
	(ὑπάγω)	
	αὐτός, -ή, -ό	1. er, sie, es; 2. selbst; 3. hervorhebend: eben der, gerade der

	* συμμαρτυρέω	mit jem. bezeugen; für jem. o. etwas Zeugnis ablegen, jem. etwas bestätigen
	τὸ τέκνον	das Kind
	(τίκτω)	
3	ποῦ	wo, wohin
	(ὅπου)	
	οὗτος	dieser
	(οὕτως)	
	πορεύομαι	gehen, ziehen, wandern
	μή;	etwa?, doch nicht? (leitet eine Frage ein, auf die eine neg. Antwort erwartet wird)
	* ἡ διασπορά	die unter die Heiden Zerstreuten
	(σπείρω)	
	διδάσκω	lehren
	(διδαχή)	
4	τὸ σημεῖον	das Zeichen, das Wunder
	αἰτέω	fordern, bitten
	ἡ σοφία	die Weisheit
	ζητέω	suchen, verlangen, fordern
	κηρύσσω	verkündigen, predigen
	μέν . . . δέ . . .	zwar . . . aber
	τὸ σκάνδαλον	das Anstößige, Empörende, das Widerspruch Herausfordernde
	* ἡ μωρία	die Torheit
	(μωρός)	
	* ὁ κλητός	der Berufene
	(ἐκκλησία)	
	ἡ δύναμις, -εως	die Kraft
5	πᾶς, πᾶσα, πᾶν, Gen. παντός, πάσης, παντός	jeder; Plur.: alle
	πιστεύω ἐπί m. Dat.	glauben an
	(πιστός)	
	* ἡ διαστολή	der Unterschied
	ὁ αὐτός	derselbe
	(αὐτός)	
	πλουτέω εἰς m. Akk.	reich sein für, abgeben von seinem Reichtum an (cf. 2,9)
	ἐπικαλέω	anrufen
	(κλητός)	
6	ἐπαισχύνομαι m. Akk.	sich einer Sache schämen
	(αἰσχύνομαι)	
	τὸ εὐαγγέλιον	das Evangelium
	(εὐαγγελίζομαι)	
	ἡ σωτηρία	die Rettung, das Heil

		ἡ δικαιοσύνη	die Gerechtigkeit
		(δίκαιος)	
		ἀποκαλύπτω	offenbaren
		(κατακαλύπτω)	
		ἡ πίστις, -εως	der Glaube
		(πιστεύω)	
7		ἡ ἐξουσία	die Macht, Gewalt, Vollmacht, der Machtbereich
		ἐπιτάσσω	befehlen, gebieten
		ἀκάθαρτος, -ον	unrein
		(καθαρίζω)	
		τὸ πνεῦμα, -τος	der Geist (cf. 4,2), das (böse) Geistwesen
		ἐξέρχομαι	hinaus-, ausgehen; (von Geistern): ausfahren
		(ἔρχομαι)	
		πόθεν	woher
8	*	ἡ διαίρεσις, -εως	die Zerteilung, der Unterschied, die Verschiedenheit; die Zuteilung
		τὸ χάρισμα, -τος	die Gnadengabe
		ἡ διακονία	der Dienst, das Amt
		(διάκονος)	
	*	τὸ ἐνέργημα, -τος	die Kraft (Wunder zu wirken)
		ἐνεργέω	bewirken, schaffen
	*	ἡ φανέρωσις, -εως	die Offenbarung
		πρός m. Akk.	zu, zum Zweck, zu . . . hin, bei
		συμφέρει	es nützt
		τὸ συμφέρον	der Nutzen, Vorteil
		ὁ μέν . . . ἄλλος δέ . . .	der eine . . . der andere . . .
		ἡ γνῶσις, -εως	die Erkenntnis
		κατά m. Akk.	entsprechend, gemäß (viell. hier: durch = διά m. Gen.)
		ὁ ἕτερος	der andere
	*	τὸ ἴαμα, -τος	die Heilung
		(ἰατρός)	
		εἷς, Gen. ἑνός	einer
		ἡ δύναμις, -εως	1. die Macht, Kraft; 2. die Wundertat
		ἡ προφητεία	die Prophetengabe
	*	ἡ διάκρισις, -εως	die Unterscheidung
9		τὸ θέλημα, -τος	der Wille
		σὺν m. Dat.	mit
		ἡ χάρις, -τος	die Gnade
		(χάρισμα)	
		ὁ πατήρ, -τρός	der Vater

Lektion 5

1	ὁ βασιλεύς, -έως (συμβασιλεύω)	der König
2	νῦν	jetzt, nun
	δεῦρο	hierher, auf, komm (her) (Aufforderungspartikel)
	ἀποστέλλω (ἀπόστολος)	aussenden
	ἐξάγω (ἄγω)	herausführen
3	κάτω	unten
	ἡ αὐλή	der Hof
	ἡ παιδίσκη	die Magd
	ὁ ἀρχιερεύς, -έως	der Hohepriester
	* θερμαίνομαι	sich wärmen
	ἦσθα	du warst, 2. Sg. Impf. von εἶναι
4	παράγω	entlanggehen
	παρά m. Akk.	entlang
	ὁ λεγόμενος (λέγω)	der sogenannte, mit dem Beinamen
	βάλλω (ἐκβάλλω)	werfen
	* τὸ ἀμφίβληστρον	das Netz
	ἦσαν	sie waren, 3. Pl. Impf. von εἶναι
	* ὁ ἁλιεύς, -έως Pl. Nom./Akk.: ἁλεεῖς	der Fischer
	δεῦτε	kommt her!; häufig nur als Aufforderungspartikel verwendet
	ὀπίσω m. Gen.	hinter
	ποιέω	machen, tun; mit dopp. Akk.: jem. zu etwas machen
5	ὁ φίλος	der Freund
	ὁ πρεσβύτερος	der Älteste
	χαίρω (χάρις)	sich freuen, im Imperativ auch Grußformel
	ὁ ἄρχων, -οντος	der Herrscher, der Obere
	ἡ πόλις, -εως	die Stadt
	ὁ ἱερεύς, -έως (ἀρχιερεύς)	der Priester
	μέγας, μεγάλη, μέγα, Gen. μεγάλου usf.	groß
	λοιπός, -ή, -όν	übrig
	* ὁ δῆμος	die Gemeinde, das Volk
6	* ὁ βόθρος	die Grube

	* βαθύς, -εῖα, -ύ	tief
	τὸ στόμα, -τος	der Mund
	* παράνομος, -ον	gesetzeswidrig; subst. der Übeltäter
	τὸ ὕδωρ, ὕδατος	das Wasser
	ὁ ἀνήρ, ἀνδρός	der Mann
	* ἀναπηδύω	aufspringen, hervorquellen
	ἡ πηγή	die Quelle
7	* εὐλογητός- -όν	gepriesen
	ἐπί m. Dat.	auf, bei, in
	ἀληθινός, -ή, -όν	wahr
	(ἀλήθεια)	
	εὐθύς, -εῖα, -ύ	gerade
	ἡ κρίσις, -εως	das Gericht, Urteil
	(διάκρισις)	
8	* καθέζομαι	sitzen
	* ὁ νεανίας	der Jüngling, junge Mann
	τὸ ὄνομα, -τος	der Name
	ἐπί m. Gen.	an, bei
	* ἡ θυρίς, -δος	das Fenster
	* καταφέρομαι	in einen Zustand geraten
	* ὁ ὕπνος	der Schlaf
	ὕπνῳ καταφέρομαι	in Schlaf sinken
	διαλέγομαι	1. sich unterreden; 2. reden
	(λέγω)	
	ἀπό m. Gen.	von (weg)
	* τὸ τρίστεγον	das dritte Stockwerk
	κάτω	1. unten; 2. hinab
9	ἡ ἰσχύς, ἰσχύος, Akk. ἰσχύν	die Kraft, Gewalt, Stärke
	(κατισχύω)	
	* ἡ σύνεσις, -εως	die Einsicht, das Verständnis
	ἔστιν	es gibt, es existiert
	ὁ ἀριθμός	1. die Zahl; 2. das Maß, die Grenze
	ἀναλαμβάνω	aufnehmen, in die Höhe nehmen
	* πραΰς, -εῖα, -ύ	sanft(mütig)
	ταπεινόω	erniedrigen, demütigen
	ἁμαρτωλός, -ή, -όν	sündig; subst. der Sünder
	(ἁμαρτία)	
	ἕως m. Gen.	bis zu
10	ἡ πραΰτης, -τος	die Sanftmut
	(πραΰς)	
	* διεξάγω	ausführen
	(ἄγω)	
	ὅσῳ . . . τοσούτῳ . . .	je mehr . . . desto mehr . . .
	* ἔναντι m. Gen.	gegenüber, vor

	εὑρίσκω, Fut. εὑρήσω	finden
	ὑψηλός, -ή, -όν (ὕψιστα)	hoch
*	ἐπίδοξος, -ον (δόξα)	berühmt
	τὸ μυστήριον	das Geheimnis
11	ἡ ἡμέρα	der Tag
	τὸ ἱερόν (ἱερεύς)	der Tempel das Heilige / Heiligtum
	ὁ γραμματεύς, -έως	der Schriftgelehrte
12 *	ἡ ἀπολογία	die Verteidigung, Rechtfertigung, hier Antwort
	ἐμός, ἐμή, ἐμόν	mein Possessivpronomen
	ἀνακρίνω	untersuchen, eine Untersuchung anstellen (gegen)
	ἡ ἀδελφή (ἀδελφός)	die Schwester
	ἡ γυνή, γυναικός	die Frau
*	περιάγω (ἄγω)	herumführen, mit sich führen
	ἐργάζομαι (ἔργον)	arbeiten, hier: verrichten
	ἱερός, -ά, -όν (ἱερόν)	heilig
	τὰ ἱερά	die heiligen Dinge, der heilige Dienst
	ἐσθίω	essen
	οὕτως, οὕτω	so
	καταγγέλλω	verkünden
13	ὦ	Interjektion o (mit u. ohne Affekt)
	ὁ δόλος	der Betrug, die List
*	ἡ ῥᾳδιουργία (ἔργον)	die Leichtfertigkeit, Schlechtigkeit
	ὁ διάβολος	der Teufel Der, der alles durcheinander wirft
	ὁ ἐχθρός	der Feind
	παύομαι m. prädikat. Part. im Nom.	aufhören zu (m. Inf.)
	παύομαι διαστρέφων	ich höre auf zu verdrehen Bsp.
*	διαστρέφω	verdrehen, verkehren
	ἰδού	siehe!
	ἡ χείρ, -ός	die Hand
	ἔσῃ	du wirst sein, 2. Sg. Fut. von εἶναι
	ὁ ἥλιος	die Sonne
	ὁ καιρός	die rechte o. gelegene Zeit
	ἄχρι καιροῦ	bis auf weiteres

Lektion 6

1	* ἡ ὑπερβολή (ὑπερβαλλόντως)	das Übermaß
	διώκω	verfolgen
	* πορθέω	vertilgen
	* προκόπτω	Fortschritte machen
	ὑπέρ m. Akk.	über . . . hinaus
	ὁ συνηλικιώτης	der Altersgenosse
	περισσοτέρως	in höherem Maße, besonders
	* ὁ ζηλωτής	der Eiferer
	ὑπάρχω	1. vorhanden sein; 2. sein
	* πατρικός, -ή, -όν (πατήρ)	väterlich, vom Vater ererbt
	ἡ παράδοσις, -εως	die Überlieferung
2	ἅπας, ἅπασα, ἅπαν	= πᾶς, πᾶσα, πᾶν: jeder, ganz, Pl. alle
	κοινός, -ή, -όν	gemeinsam
	* τὸ κτῆμα, -τος	der Besitz
	* ἡ ὕπαρξις, -εως (ὑπάρχω)	die Habe, das Vermögen
	* πιπράσκω	verkaufen
	διαμερίζω	verteilen
	* καθότι (κατὰ ὅ τι)	wie
	ἄν mit Impf. im Nebensatz	bezeichnet eine unbestimmte Wiederholung in der Vergangenheit
	ἡ χρεία	der Bedarf, Mangel
	τε . . . τε . . . (nachgestellt)	sowohl . . . als auch . . .
	προσκαρτερέω ἔν τινι	beharren bei, hier: sich fortgesetzt aufhalten in
	ὁμοθυμαδόν	einmütig
	κλάω	brechen
	ὁ ἄρτος	das Brot
	ὁ οἶκος	das Haus
	* μεταλαμβάνω m. Gen.	Anteil erhalten an
	ἡ τροφή	die Nahrung
	* ἡ ἀγαλλίασις, -εως	der Jubel
	* ἡ ἀφελότης, -τος	die Schlichtheit
3	ὅτε	als, da, solange
	τότε	damals, da
	ἦτε	ihr wart, 2. Pl. Impf. von εἶναι
	ἐλεύθερος, -α, -ον	frei, hier: nicht verpflichtet
	ὁ καρπός	die Frucht
4	ἐπικαλέομαι (κλητός)	anrufen
	φυλάσσω (φυλακή)	bewachen, bewahren

τὸ μαρτύριον	das Zeugnis
(συμμαρτυρέω)	
* τὸ πρόσταγμα, -τος	der Befehl, das Gebot
ὅς, ἥ, ὅ	der, die, das (Relativpronomen)
ἐπακούω m. Gen.	jem. erhören
(ἀκούω)	
* εὐίλατος, -ον	gnädig
5 * ἐντεῦθεν	von da
δή	also; schon; doch
διακρίνω	scheiden, trennen
(διάκρισις)	
φανερός, -ά, -όν	offenbar
(φανέρωσις)	
ἕτοιμος, -η, -ον	bereit
* ὁ πρωτόμαρτυς, -ρος	der erste Zeuge o. Märtyrer
(μαρτύριον)	
* ἡ προθυμία	die Bereitschaft, Bereitwilligkeit
(ἐπιθυμία)	
ἀναπληρόω	erfüllen
* ἡ ὁμολογία	das Bekenntnis
(λέγω)	
ἡ μαρτυρία	das Zeugnis
(μαρτύριον)	
φαίνομαι	sich zeigen, erscheinen
(φανερός)	
* ἀνέτοιμος, -ον	nicht bereit
(ἕτοιμος)	
* ἀγύμναστος, -ον	ungeübt
συλλαμβάνω	festnehmen, ergreifen
(ἀναλαμβάνω)	
* ἐθνικός, -ή, -όν	heidnisch
* ὁ οἰκέτης	der Hausgenosse, Sklave
(οἶκος)	
* ἡμέτερος, -α, -ον	unser
(ἡμεῖς)	
τὸ βῆμα, -τος	1. der Schritt; 2. die Tribüne, der Richterstuhl
* σύρω	ziehen, schleppen
ποικίλος, -η, -ον	verschiedenartig, mannigfaltig
πάσχω	leiden
* οἴομαι	glauben, meinen
* ἐκδικέω	rächen
(δίκαιος)	
6 ψεύδομαι	lügen
ἡ συνείδησις, -εως	das Gewissen
ἡ λύπη	die Trauer, der Kummer

	* ἀδιάλειπτος, -ον (λοιπός)	unaufhörlich
	* ἡ ὀδύνη	der Schmerz
	* εὔχομαι	1. beten; 2. wünschen
	* τὸ ἀνάθεμα, -τος	1. das Weihegeschenk; 2. der Gegenstand des Fluches
7	πείθω	überreden, hier: geneigt machen
	ἀρέσκω	gefallen
	ἔτι	noch
	ἤμην	ich war, 1. Sg. Impf. von εἶναι
	ἄν m. Impf. im übergeordneten Satz	bezeichnet den Irrealis
	εἰ . . . ἤρεσκον, . . . ἄν ἤμην	wenn ich gefiele, wäre ich . . .
8	τὸ γράμμα, -τος (γραμματεύς)	der Buchstabe
	τὰ γράμματα	die Schriften
	πῶς (Fragewort)	wie
	τὸ ῥῆμα, -τος	das Wort
Ü 6,4	πίνω	trinken

Lektion 7

1	ἡ ἑορτή	das Fest
	ἀπολύω	loslassen, freigeben
	ὁ δέσμιος	der Gefangene
	παραιτέομαι (αἰτέω)	(für) sich ausbitten
	* ὁ στασιαστής	der Aufrührer, Aufständische
	βούλομαι	wollen
	ὁ ὄχλος	die Volksmenge
	ἱκανός, -ή, -όν	hinreichend
2	* στέργω	lieben
	φιλέω (φίλος)	lieben
	κρύπτω	verbergen
	* πένης, -τος	arm
	πλούσιος, -α, -ον (πλουτέω)	reich
	* ἑκών, ἑκοῦσα, ἑκόν Gen. ἑκόντος, ἑκούσης usf.	freiwillig
	πολύ	viel, sehr
	* ποθέω	ersehnen, sich sehnen nach

πεινάω (unr.)	hungern
ἐπείνασα	
διψάω	dürsten
* μοχθέω	Mühen leiden
(μόχθος)	
3 * συντελέω (unr.)	vollenden
συνετέλεσα	
* ὁ ἕκτος	der sechste
* καταπαύω	1. aufhören machen; 2. ausruhen
(παύομαι)	
* ὁ ἕβδομος	der siebte
εὐλογέω	1. preisen; 2. segnen
(εὐλογητός)	
ἁγιάζω	heiligen
(ἅγιος)	
4 συνέχω	festnehmen, gefangenhalten
(ἔχω)	
ἐμπαίζω m. Dat. (unr.)	seinen Mutwillen treiben mit jem.
ἐνέπαιξα	
δέρω	schlagen
* περικαλύπτω	verhüllen
(κατακαλύπτω)	
ἐπερωτάω	fragen
προφητεύω	weissagen
(προφητεία)	
* παίω	schlagen
5 * ἐκμυκτηρίζω	höhnen, spotten
σῴζω (unr.)	retten
ἔσωσα	
(σωτηρία)	
ἐκλεκτός, -όν	auserwählt
ὁ στρατιώτης	der Soldat
προσέρχομαι	hinzu-, herankommen
(ἔρχομαι)	
προσφέρω	(herbei)bringen
6 οὐδέν	1. nichts; 2. in keiner Weise
ἀδικέω m. Akk.	jemandem Unrecht tun
(ἐκδικέω)	
ἡ ἀσθένεια	die Schwachheit, Krankheit
τὸ πρότερον	1. vormals, ehemals; 2. das erste Mal
ἐξουθενέω	verachten
ἐκπτύω	ausspucken
δέχομαι	aufnehmen
7 ἄρχομαι	anfangen
(ἄρχων)	

	περί m. Gen.	über
	ἡ ἔρημος	die Wüste, Einöde
	(ἐρημία)	
	θεάομαι	betrachten
	ὁ προφήτης	der Prophet
	(προφητεύω)	
	περισσότερον	mehr, Komparativ Neutr. von περισσός
	ὁ νόμος	das Gesetz
	θέλω	wollen
	(θέλημα)	
	ὁμοιόω m. Dat.	vergleichen mit
	ἡ γενεά	das Geschlecht, die Generation, »die Zeitgenossen«
	(γίνομαι)	
	ὅμοιος, -α, -ον	gleichartig, ähnlich
	(ὁμοιόω)	
	τὸ παιδίον	das (kleine) Kind
	(παιδίσκη)	
	καθήμενος	sitzend
	ἡ ἀγορά	der Markt(platz)
*	αὐλέω	Flöte spielen, pfeifen
*	ὀρχέομαι	tanzen
*	θρηνέω	klagen, jammern
	κόπτω	schlagen
*	κόπτομαι	(sich vor Trauer an die Brust schlagen), heftig trauern
	(προκόπτω)	
8	σός, σή, σόν	dein
	ἡ νύξ, νυκτός	die Nacht
	καταρτίζω	1. in Ordnung bringen; 2. schaffen
*	ἡ φαῦσις, -εως	das Licht
	τὸ ὅριον	die Grenze
*	τὸ ἔαρ, -ος	der Frühling
	πλάσσω (unr.)	gestalten, formen
	ἔπλασα	
*	θαυμάσιος, -α, -ον	wunderbar
	γνωρίζω	zu erkennen geben
	(γνῶσις)	
*	λυτρόομαι	loskaufen, erlösen
	(ἀπολύω)	
*	ὁ βραχίων, -ονος	der Arm
9	προσκαλέω	herbeirufen
	προσκαλέομαι (unr.)	zu sich herrufen
	προσεκαλεσάμην	
	(ἐπικαλέομαι)	
	πάλιν	wiederum

	ἀκούω m. Gen.	hören auf jem.
	(ἐπακούω)	
	ἔξωθεν m. Gen.	außerhalb (von)
	(ἐξ)	
	εἰσπορεύομαι	hineinkommen
	(πορεύομαι)	
	κοινόω	gemein machen, unrein machen (im kultischen Sinn)
	(κοινός)	
10	ἀσπάζομαι	grüßen
11	ῥύομαι	schützen, bewahren
12	ἀσθενέω	schwach o. krank sein
	(ἀσθένεια)	
	προσεύχομαι	(an)beten
	(εὔχομαι)	
	* ἀλείφω	salben
	τὸ ἔλαιον	das Öl

Lektion 8

1	δηλόω	offenbaren, mitteilen
	* ἡ ἔρις, -δος	der Streit, die Streitigkeit
	λέγω	1. sagen; 2. meinen
	μερίζω	teilen
	(διαμερίζω)	
	σταυρόω	kreuzigen
2	τὸ πρόσωπον	das Angesicht
	τὸ συνέδριον	das Synhedrium, der Hohe Rat
	* καταξιόω	für würdig erachten
	* ἀτιμάζω	verächtlich behandeln, mißachten
	διδάσκω (unr.)	lehren, belehren
	(vgl. 8,4)	
	ἐδιδάχθην	
3	καλέω (unr.)	rufen, berufen
	ἐκλήθην	
	(ἐπικαλέομαι)	
	ἡ κλῆσις, -εως	der Ruf, die Berufung; der Beruf, Stand
	(καλέω)	
	μένω	bleiben
	μέλει μοι m. Gen.	es liegt mir an etwas
	εἰ καί	wenn auch
	μᾶλλον	mehr
	χράομαι m. Dat.	etwas gebrauchen
	(unr.)	
	ἐχρησάμην	

	* ἀπελεύθερος, -ον	freigelassen
	(ἐλεύθερος)	
	ὁμοίως	gleicherweise, -maßen, ebenso
	(ὅμοιος)	
	ἡ τιμή	1. die Ehre; 2. der Wert, Kaufpreis
	(ἀτιμάζω)	
	ἀγοράζω	kaufen
	(ἀγορά)	
4	παρά m. Gen.	von, von seiten
	οὐδέ . . . οὔτε . . .	und nicht . . . und nicht . . . auch nicht . . . noch . . .
	(οὔτε . . . οὔτε . . .	weder . . . noch . . .)
	ἡ ἀποκάλυψις, -εως	die Offenbarung
	(ἀποκαλύπτω)	
5	* σείω (unr.)	erschüttern
	ἐσείσθην	
	τηρέω	bewahren, bewachen
	γίνομαι (unr.)	werden
	ἐγενήθην	
	ἀποκρίνομαι (unr.)	antworten
	ἀπεκρίθην	
	φοβέομαι	sich fürchten
	(φόβος)	
	ταχύς, -εῖα, -ύ	schnell (im NT nur ταχύ als Adverb)
	ὁ μαθητής	der Schüler, Jünger
	ἐγείρω (unr.)	aufwecken, auferwecken
	ἠγέρθην	
	προάγω m. Akk.	vor jemandem vorausgehen
6	* ὁ κόκκος	das Korn
	* τὸ σίναπι, -εως	der Senf
	ἄν m. Impf. und Ind. Aor. im Hauptsatz	bezeichnet den Irrealis
	* ἡ συκάμινος	der Maulbeerbaum
	* ἐκριζόω	entwurzeln
	(ῥίζα)	
	φυτεύω	pflanzen
7	ἡ βασιλεία	die Königsherrschaft, das Königreich
	(βασιλεύς)	
8	ἡ εὐσέβεια	die Frömmigkeit, Gottesfurcht
	(σέβομαι)	
	φανερόω	offenbaren
	(φανερός)	
	δικαιόω	rechtfertigen
	(δίκαιος)	

	ὁράω (unr.)	sehen
	ὤφθην	
	κηρύσσω	verkünden
	ὁ κόσμος	die Welt, Erde
	ἀναλαμβάνω (unr.)	hinaufnehmen, in die Höhe nehmen
	ἀνελήμφθην	
9	μετά m. Akk.	nach (zeitlich)
	ἡ θλῖψις, -εως	die Bedrängnis, Trübsal
*	σκοτίζομαι	sich verfinstern
*	ἡ σελήνη	der Mond
	ὁ ἀστήρ, -έρος	der Stern
	πίπτω	fallen
	σαλεύω	erschüttern
*	κολοβόω	stutzen, verkürzen
	σῴζω (unr.)	retten
	ἐσώθην	
10	σκανδαλίζω	zur Sünde verleiten
	σκανδαλίζομαι (Pass.) ἐν m. Dat.	auch: Anstoß nehmen an
	(σκάνδαλον)	
	πατάσσω	schlagen
	ὁ ποιμήν, -ένος	der Hirte
*	διασκορπίζω	zerstreuen
	τὸ πρόβατον	das Schaf
*	ἡ ποίμνη	die Herde
	(ποιμήν)	
	οὐδέποτε	niemals
	(οὐδέ)	

Lektion 9

1	λέγω (unr.)	sagen
	εἶπον oder εἶπα	
*	ὁ ἐπιστάτης	der Meister, Vorsteher
	κοπιάω	sich abmühen
	(κόπος)	
	λαμβάνω (unr.)	nehmen, bekommen, hier: fangen
	ἔλαβον	
	ὁράω (unr.)	sehen
	εἶδον	
*	προσπίπτω (unr.)	(nieder)fallen, zu Füßen fallen
	προσέπεσον o. προσέπεσα	
	(πίπτω)	
	τὸ γόνυ, γόνατος	das Knie

	ἐξέρχομαι (unr.) ἐξῆλθον o. ἐξῆλθα (ἔρχομαι)	weggehen
*	περιέχω (unr.) περιέσχον (ἔχω)	umfassen
*	ἡ ἄγρα	der Fang
	ὁ ἰχθύς, -ύος, Akk. ἰχθύν	der Fisch
	συλλαμβάνω (unr.) συνέλαβον (λαμβάνω)	festnehmen, fangen
2	καυχάομαι	sich rühmen
3	γίνομαι (unr.) ἐγενόμην o. ἐγενήθην	werden, geschehen
	διέρχομαι (unr.) διῆλθον	(hin)durchziehen
*	ἀνωτερικός, -ή, -όν	oberhalb befindlich, der obere
	ἔρχομαι (unr.) ἦλθον o. ἦλθα	gehen, kommen
	εὑρίσκω (unr.) εὗρον	finden
	εἰ	ob (in indirekten Fragen); bleibt in der direkten Frage unübersetzt
4	ἁμαρτάνω (unr.) ἥμαρτον (ἁμαρτία)	sündigen
	εἰς m. Akk.	hier: gegen
	ἐνώπιον m. Gen.	vor, angesichts, gegenüber
5 *	τὸ ἔνδυμα, -τος	das Gewand, Kleid
	περί m. Gen.	über, um (willen)
	μεριμνάω περί m. Gen. (μέριμνα)	sich Sorgen machen um etwas
*	καταμανθάνω (unr.) κατέμαθον (μαθητής)	merken auf
*	τὸ κρίνον	die Lilie
	ὁ ἄγρος	der Acker, das Feld
	αὐξάνω o. αὔξω	1. wachsen lassen; 2. wachsen
	περιβάλλω (βάλλω)	herumwerfen
	περιβάλλομαι (unr.) περιεβαλόμην	sich anziehen

6		ἐπιλαμβάνομαι (unr.) m. Gen. ἐπελαβόμην (λαμβάνω)	etwas anfassen, ergreifen
		ἄγω (unr.) ἤγαγον	führen
	*	διηγέομαι	erzählen
7		ὁ πλεῖστος	der meiste, Superlativ von πολύς
		μετανοέω	umdenken, umkehren, einen Sinneswandel vollziehen, Buße tun
		οὐαί	wehe
		ὅτι	daß; weil, hier: denn
	*	πάλαι	vor Zeiten, vormals, längst
	*	ὁ σάκκος	der Sack
	*	ἡ σποδός	die Asche
8	*	ἀγωνίζομαι	kämpfen
	*	ὁ ἀγών, -ῶνος	der Kampf
9	*	καταλλάσσω (unr.) m. Dat. κατηλλάγην	versöhnen mit
		πολλῷ μᾶλλον	um vieles mehr, viel mehr
10		τὸ φῶς, -τός	das Licht
		κρύπτω (unr.) ἐκρύβην	verbergen
		ἐπάνω m. Gen. (ἐπί, ἀνωτερικός)	oben auf
		κείμενος, -η, -ον	liegend
11		πρό m. Gen.	vor
	*	δεκατέσσαρες	vierzehn
		ἁρπάζω (unr.) ἡρπάσθην o. ἡρπάγην	fortreißen, hier: entrücken
		ὁ τρίτος	der dritte
		τοιοῦτος, τοιαύτη, τοιοῦτο (οὗτος)	so beschaffen, solcher; hier: der betreffende
	*	ὁ παράδεισος	das Paradies
		ἄρρητος, -ον (ῥῆμα)	unsagbar, unaussprechlich
12		ἀπολαμβάνομαι (unr.) ἀπελαβόμην	weg- o. beiseitenehmen
		βάλλω (unr.) ἔβαλον ἐβλήθην	werfen; hier: legen
	*	ὁ δάκτυλος	der Finger

	τὸ οὖς, ὠτός	das Ohr
	διανοίγω u. ἀνοίγω (unr.)	öffnen
	ἀνεῴχθην o.	
	ἠνεῴχθην o.	
	ἠνοίχθην o.	
	ἠνοίγην	
	ἡ ἀκοή	das Gehör, das Hören
13	εἰσέρχομαι (unr.)	hineinkommen
	εἰσῆλθον	
	(ἔρχομαι)	
	ἐπιτρέπω (unr.)	(zuwenden) erlauben, gestatten
	ἐπετράπην	

Lektion 10

1	ἡ ὑπομονή	die Ausdauer, Geduld
	(ὑπομένω)	
	τρέχω (unr.)	laufen
	ἔδραμον	(τὸν ἀγῶνα: inneres Objekt)
	* πρόκειμαι m. Dat.	vor jemandem liegen, jemandem vorgesetzt (verordnet) sein
	(κεῖμαι)	
	* ἀφοράω εἰς m. Akk.	von etwas weg, auf anderes hinsehen: aufsehen zu
	(ὁράω)	
	* ὁ ἀρχηγός	Anführer, Anfänger
	(ἄρχομαι ἄγω)	
	* ὁ τελειωτής	der Vollender
	(συντελέω)	
2	μὴ m. Konj.	nicht: Verneinung in Begehrssätzen
	* κενόδοξος, -ον	eitlem Ruhm nachjagend; substant.: Prahlhans
	(κενός, δόξα)	
	ἀλλήλων, -οις, -ους	einander (Reziprokpronomen)
	* προκαλέομαι m. Akk.	jem. herausfordern
	* φθονέω m. Dat.	jemanden beneiden
3	ἄφες m. Konj.	laß mich, laß mal, ich will (im Deutschen mit Infinitiv)
	ἐκβάλλω	hinauswerfen; hier: herausziehen
	* τὸ κάρφος	der Splitter
	* ἡ δοκός	der Balken
4	πιστεύω εἰς m. Akk.	glauben an
5	* ἐρείδω	herandrängen, eindringen
	ἡ ἐντολή	das Gebot
	ἐπιλανθάνομαι (unr.)	vergessen
	ἐπελαθόμην	

	* παροράω (unr.) παρεῖδον (ὁράω)	hinwegsehen über, mißachten
	ἡ ῥῆσις, -εως (ῥῆμα)	das Reden, die Rede
	ἐγκαταλείπω (unr.) ἔλιπον	im Stich lassen, verlassen
	* ἀντέχομαι m. Gen. (unr.) ἀνθέξομαι	sich halten an; hier: sich jemandes annehmen
	* ἐράω, ἔραμαι (unr.) ἠράσθην	leidenschaftlich lieben
6	ἐκλέγομαι	auserwählen, sich erwählen
	ἵνα m. Konj.	daß, damit (finale Konjunktion)
	ἵνα μή	damit nicht
	καταισχύνω	entehren; hier: beschämen
	σοφός, -ή, -όν	klug, weise, kundig
	ἰσχυρός, -ά, -όν	stark
	καταργέω	zunichte machen
	ὅπως m. Konj.	damit
	ὅπως μή m. Konj.	damit nicht
7	νομίζω (mit ὅτι o. AcI)	glauben, meinen
	καταλύω	auflösen, außer Kraft setzen, niederreißen
	πληρόω	erfüllen
	ἀμήν (immer mit λέγω zusammen)	wahrlich, gewiß
	ἕως ἄν m. Konj.	bis (Konjunktion)
	παρέρχομαι (ἔρχομαι)	vergehen, zugrunde gehen
	οἱ οὐρανοί	der Himmel
	* τὸ ἰῶτα	der Buchstabe Jota
	* ἡ κεραία	das Strichlein, der Haken am Buchstaben
	οὐ μή m. Konj. Aor. o. Ind. Futur	gewiß nicht (feste Beteuerung, daß etwas in Zukunft nicht eintreten wird)
	ὃς ἐάν und ὃς ἄν (ἐάν = Partikel)	jeder der, . . . wenn einer (iterat. oder hypothet. Relativsatz der Gegenwart und Zukunft)
	λύω	lösen, aufheben, niederreißen
	ἐλάχιστος, -η, -ον	der kleinste, geringste . . .
	καλέομαι	gerufen werden, heißen
	ἐάν (‹ εἰ ἄν) m. Konj.	wenn, jedesmal wenn (Konjunktion eines prospektiven o. iterat. Konditionalsatzes, verneint: ἐὰν μή)
	περισσεύω	reichlich vorhanden sein

	περισσεύω πλέον m. Gen. (περισσός)	weit hinausgehen über
8	κἄν (< καὶ ἐάν) m. Konj.	wenn auch, selbst wenn (Konjunktion eines konzessiven Konditionalsatzes)
	δεῖ mit AcI o. Inf.	es ist nötig, man muß
	ἀπέθανον	Aor. zu ἀποθνῄσκω = sterben
	ἀπαρνέομαι m. Akk. (ἀρνέομαι)	jemanden verleugnen
9	ὅταν (< ὅτε ἄν)	immer wenn, sooft (Konjunktion eines iterativen Temporalsatzes der Gegenwart u. Zukunft)
	καλέω	rufen; hier: einladen
	ὁ γάμος	die Hochzeit
	οἱ γάμοι	hier: die Hochzeitsfeier
	* κατακλίνω	jemanden bei Tisch Platz nehmen lassen (Pass.: sich zu Tisch legen)
	* ἡ πρωτοκλισία	der Ehrenplatz neben dem Gastgeber
	μήποτε m. Konj. oder Ind. Futur	damit nicht einmal (Finalsatz)
	* ἔντιμος, -ον (ἐν, τιμή)	vornehm, angesehen
	λέγω (unr.) ἐρῶ	sagen
	ὁ τόπος	Ort, Platz, Stelle
	ἡ αἰσχύνη	Schamgefühl
	μετ' αἰσχύνης	beschämt
	ἔσχατος, -η, -ον	der letzte, hier: unterste (Platz am Tisch)
	* κατέχω (τόπον)	(einen Platz) einnehmen
	ἀναπίπτω (εἰς τὸν ἔσχατον τόπον) (πίπτω)	sich zum Essen niederlegen (am untersten Platz)
	* συνανάκειμαι (κεῖμαι)	zusammen bei Tisch liegen, gemeinsam essen

Lektion 11

1	αἰτέω m. dopp. Akk.	jemanden um etwas bitten
	* κρούω	anklopfen
	μή m. Konj. o. Futur	nach Ausdrücken des Befürchtens: daß (hier elliptisch: bei dem zu befürchten ist, daß)

	ὁ λίθος	der Stein
	ὁ ὄφις, -εως	die Schlange
	* τὸ δόμα, -τος	die Gabe
	πόσος, -η, -ον	wie groß, wie viel
	πόσῳ μᾶλλον	um wieviel mehr
	ὅσα ἐάν m. Konj.	(verallgem. iterat. Relativsatz) alles, was . . .
	θέλω, ἵνα m. Konj.	wollen, daß (Begehrsatz!)
2	κατοικέω (οἶκος)	wohnen
	ὁ σατανᾶς, -ᾶ	der Satan, Widersacher
	κρατέω m. Akk.	festhalten an
3	ἐπιστρέφω	sich umdrehen, sich umkehren
	ἡ φωνή	die Stimme
	ὅστις, ἥτις, ὅτι	wer auch immer; jeder, der
	λαλέω	sprechen, reden
	ἑπτά	sieben
	ἡ λυχνία	Leuchte, Leuchter, Kandelaber
	χρυσοῦς, -ῆ, -οῦν	golden
	μέσος, -η, -ον	der mittlere
	ἐν μέσῳ m. Gen.	mitten unter, inmitten
	ποδήρης, -ες	bis zu den Füßen reichend(es Gewand)
	πρός m. Dat.	bei, an
	* ὁ μαστός	die Brustwarze, Plural: die Brust
	* ἡ ζώνη	der Gürtel
4	* εἴτε (εἰ, τε)	und wenn
	εἴτε . . . εἴτε . . .	sei es . . . sei es . . ., ob . . . oder . . .
	τὸ μέλος, -ους	das Glied
	* συμπάσχω (πάσχω)	mitleiden
	* συγχαίρω (χαίρω)	sich mitfreuen
	τὸ μέρος, -ους	Teil, Stück
	ἐκ μέρους	teilweise, einzeln, jeder zu seinem Teil
5	ἀσθενής, -ές	schwach
	κερδαίνω (unr.) κερδήσω	gewinnen
6	ἐκτείνω	ausstrecken
	ἀπολογέομαι (ἀπολογία)	sich verteidigen
	* ἐγκαλέω m. Gen. (καλέω)	eines Vergehens anklagen
	ἡγέομαι m. dopp. Akk.	jem. für etwas halten

	ἐμαυτοῦ, -ῷ, -όν	Reflexivpron. der 1. Pers. Sing.
	ἐπί m. Gen.	auf, an; hier: bei, vor
	μέλλω m. Inf.	im Begriff sein; hier: dürfen
	σήμερον	heute
	μάλιστα (Adverb)	besonders, im höchsten Grade
*	ὁ γνώστης (γνῶσις)	der Kenner
	κατά m. Akk.	gemäß; hier: unter, bei
	τὸ ἔθος, -ους	die Gewohnheit, Sitte, der Brauch
*	τὸ ζήτημα, -ματος (ζητέω)	das Untersuchungsergebnis; hier: die Lehrmeinung
	διό (< δι' ὅ)	deshalb, weshalb
	δέομαι	bitten
*	μακρόθυμος, -ον	großmütig, geduldig
7	ὁ παῖς, παιδός (παιδίον)	der Knabe, Sklave, Knecht
*	αἱρετίζω (διαίρεσις)	auswählen, erwählen
	ἀγαπητός, -ή, -όν (ἀγαπάω)	geliebt; substantiviert: der Geliebte
	εὐδοκέω m. Akk. (εὐδοκία)	Wohlgefallen haben an etwas
	τὸ ἔθνος, -ους	das Volk
	τὰ ἔθνη, -ῶν	die Heiden
	ἀπαγγέλλω (ἄγγελος)	verkünden
*	ἐρίζω (ἔρις)	sich streiten zanken
*	κραυγάζω	laut schreien, lärmen
*	ἡ πλατεῖα	der breite Weg, die Straße
	ὁ κάλαμος	das Schilfrohr, Rohr
*	τὸ λίνον	der Lampendocht
*	τύφω	glimmen
*	τὸ νῖκος, -ους	der Sieg
	εἰς νῖκος ἐκβάλλω τι	etwas zum Siege verhelfen
	ἐλπίζω m. Dat. (unr.) ἐλπιῶ o. ἐλπίσω	hoffen auf
8	μισέω	hassen
	θαυμάζω m. Akk.	bewundern, sich wundern über
*	ἡ ἀγαθότης, -τητος (ἀγαθός)	die Güte
	μόνος, -η, -ον	einzig, allein
	μόνον (adv. Akk.)	nur
*	καταγελάω m. Gen.	jem. auslachen, verlachen
	βλασφημέω	lästern

9	οἱ δέ . . .	die aber
	ἀγνοέω	verkennen, nicht verstehen
	ἡ οἰκία (οἶκος)	das Haus
	ἐν τῇ ὁδῷ	unterwegs
	διαλογίζομαι m. Akk.	sich überlegen, sich unterhalten über
	σιωπάω	schweigen
10	πρῶτος, -η, -ον	der erste; prädikativ: zuerst
	ὁ ψεύστης (ψεύδομαι)	der Lügner
11	οὐδείς, οὐδεμία, οὐδέν, (οὐδέ, εἷς)	keiner; m. Gen. partitivus
	ζῶ (ζάω) ζῆν Inf. Präs. ἔζησα	leben
	εἰμί m. Gen. poss.	jemandem gehören
	εἰς m. Akk.	für
	εἰς τοῦτο	dafür, zu diesem Zweck
	κυριεύω m. Gen.	Herr sein, Gewalt haben über
12	* κατακαυχάομαι m. Gen. (καυχάομαι)	sich überheben über
	ὁ κλάδος	der Zweig, Ast
	βαστάζω	tragen

Lektion 12

1	ζηλόω	sich eifrig bemühen: a) umwerben; b) sich ereifern
	* ἐκκλείω	ausschließen
	πάντοτε	jedesmal, immer
	πάρειμι πρός m. Akk.	da sein bei jemandem
	* ὠδίνω	unter Schmerzen gebären
	μέχρι(ς) οὗ m. Konj.	bis (Konjunktion)
	* μορφόω	gestalten; Pass.: Gestalt annehmen
2	μακροθυμέω (μακρόθυμος)	langmütig sein, Geduld haben
	* χρηστεύομαι	sich gütig erzeigen
	* περπερεύομαι	prahlen
	* φυσιόομαι	sich aufblähen, hochmütig sein
	* ἀσχημονέω	sich unschicklich benehmen, die gute Sitte verletzen
	* παροξύνω	zum Zorn reizen; Pass.: sich reizen lassen, aufgebracht werden
	λογίζομαι	in Rechnung stellen, anrechnen

	κακός, -ή, -όν (κακόν)	schlecht, böse
	ἡ ἀδικία (ἀδικέω)	die Ungerechtigkeit, das Unrecht
	συγχαίρω m. Dat.	sich mitfreuen über
3	ἡ φύσις, -εως	die Natur, (natürl.) Wesensart, Herkunft
	εὑρίσκομαι (unr.) εὑρέθην	erfunden werden, angetroffen werden als
*	ἆρα	Fragepartikel, eine verneinende Antwort erwartend, nur direkte Fragen einleitend
	μὴ γένοιτο	das sei ferne, gewiß nicht (formelhafte Wendung als Antwort auf eine Frage)
*	ὁ παραβάτης	der Übertreter, Sünder
	συνιστάνω m. dopp. Akk.	sich erweisen als
*	συσταυρόω (σταυρόω)	mitkreuzigen
	ἀθετέω	außer Kraft setzen, für ungültig erklären
	δωρεάν	als Geschenk, umsonst; hier: vergeblich
5 *	συσχηματίζομαι m. Dat.	die gleiche Gestalt annehmen, sich anpassen
	ὁ αἰών, -ῶνος	das Weltalter, die Ewigkeit, Zeit; hier: die gegenwärtige Zeit des irdischen Lebens
*	μεταμορφόομαι (μορφόω)	sich umwandeln
*	ἡ ἀνακαίνωσις, -εως (καινός)	die Erneuerung
	ὁ νοῦς, νοός (μετάνοια)	der Sinn, Geist, Verstand
	δοκιμάζω	prüfen, untersuchen
	τέλειος, -α, -ον (τελειώτης)	vollkommen
6	κατηγορέω m. Gen.	jemanden anklagen
	ὥστε m. Inf. o. AcI	so daß

Lektion 13

1	σοφός, -ή, -όν	Positiv	zu: klug, weise
	σοφώτερος, -τέρα, -τερον	Komparativ	
	σοφώτατος, -τάτη, -τατον	Superlativ	
	ἰσχυρός, -ά, -όν	Positiv	zu: stark
	ἰσχυρότερος, -τέρα, -τερον	Komparativ	

	ἰσχυρότατος, -τάτη, -τατον	Superlativ zu: stark
2	δοκέω	1. scheinen, 2. glauben
	* ἀναγκαῖος, -α, -ον	notwendig
	* ἀσχήμων, -ον	unanständig
	(ἀσχημονέω)	
	* τὰ ἀσχήμονα	die Schamteile
	* ἡ εὐσχημοσύνη	die Wohlanständigkeit, das Ansehen
	* εὐσχήμων, -ον	anständig
	ἡ χρεία	die Notwendigkeit
3	* ἡ βίωσις, -εως	die Lebensweise
	* ἡ νεότης, -τητος	die Jugend
	(νεανίας)	
	ἐκ o. ἀπὸ νεότητος	von Jugend an
	ἡ ἀρχή	1. der Anfang; 2. die Herrschaft
	ἀπ' ἀρχῆς	von Anfang an
	(ἄρχομαι)	
	* προγινώσκω	vorauswissen, hier: von früher her kennen
	ἄνωθεν	1. örtlich: von oben her; 2. zeitl. von früher her;
	μαρτυρέω	Zeugnis geben, bezeugen
	(μαρτύριον)	
	ἀκριβής, -ές	genau, streng
	ἀκριβέστερος	
	ἀκριβέστατος	
	* ἡ αἵρεσις, -σεως	die Schule, Partei, Sekte
	(αἱρετίζω)	
	* ἡ θρησκεία	die Gottesverehrung, Religion
4	κελεύω m. AcI	befehlen
	* ἀσφαλίζω, ἀσφαλίζομαι	sichern, bewachen
	* ὁ τάφος	das Grab
	ἐγείρομαι	auferweckt werden, auferstehen
	ἡ πλάνη	der Irrtum, die Irreführung
	χείρων, -ον	schlechter, schlimmer: Komparativ zu κακός
5	θέλω m. AcI	wollen, daß (auch mit Inf. oder ἵνα, vgl. 7.7. und 11.1.)
	ἡ γλῶσσα, -ης	die Zunge
	γλώσσαις λαλεῖν	zungenreden
	μᾶλλον	hier: noch lieber
	μέγας	groß, der größere, der größte
	μείζων	
	μέγιστος	
	ἤ	bei Komparativen: als
	* ἐκτός m. Gen	außerhalb
	* ἐκτὸς εἰ μή	außer wenn; es sei denn, daß

	* διερμηνεύω	auslegen, deuten
	ἡ οἰκοδομή	der Aufbau, das Aufbauen
	(οἶκος)	
6	* ἄγαμος	ehelos, unverheiratet
	(γάμος)	
	ἡ χήρα	die Witwe
	* ἐγκρατεύομαι	sich beherrschen
	γαμέω	heiraten (vom Mann: Akt.; von der Frau: Pass.)
	(γάμος)	
	ἀγαθός	
	κρείσσων, -ον	Steigerung von »gut«
	(κρείττων)	
	κράτιστος	
	* πυρόομαι	in Feuer brennen; hier: vor geschlechtlichem Verlangen brennen
	* γαμίζω	jem. verheiraten, in die Ehe geben
	ἑαυτοῦ, αὑτοῦ	reflexives Possessivpron. der 3. Pers.
	ἡ παρθένος	die Jungfrau, das Mädchen; hier: jungfräuliche Tochter
7	ὁ οἶνος	der Wein
	* μεθύσκομαι (unr.)	sich betrinken; im Aor.: betrunken sein
	ἐμεθύσθην	
	ὀλίγος	
	ἐλάσσων, -ον	Steigerung von wenig, gering
	ἐλάχιστος	
8	ἔπειτα	dann, darauf
	* ἐπάνω	vor Zahlen: mehr als, über
	* πεντακόσιοι, -αι, -α	fünfhundert
	(πέντε)	
	* ἐφάπαξ	auf einmal
	πολύς	
	πλείων, -ον	Steigerung von »viel«
	πλεῖστος	
	οἱ πολλοί	die Menge
	οἱ πλείονες	die Mehrzahl
	μένω	hier: am Leben sein, noch leben
	κοιμάομαι	schlafen; Aor.: entschlafen sein, hier: tot sein
	* ὡσπερεί	so wie, gleichsam als
	* τὸ ἔκτρωμα, -ατος	die Fehlgeburt, Mißgeburt
	ἱκανός	hier: fähig, würdig (vgl. 7,1)
	διότι	deshalb weil, denn
	(διὰ τοῦτο, ὅτι)	
9	* ἡδέως, (ἥδιον), ἥδιστα	nur als Adv. gebräuchlich: gern, lieber, am liebsten
	* δαπανάω	Aufwendungen machen, das Vermögen ausgeben

	* ἐκδαπανάομαι	sich erschöpfen, sich aufreiben
	* ἥσσων (ἥττων), -ον	geringer, schwächer (Komparativ ohne Positiv, vermischt sich in der Bedeutung m. ἐλάσσων)
10	* συνέχομαι ἐκ	mir wird zugesetzt
	* τὰ δύο	zweierlei
	ἀναλύω	auflösen; hier: sterben, abscheiden
	ἡ ἐπιθυμία εἰς τὸ ἀναλῦσαι	das Verlangen zu sterben
	* πολλῷ μᾶλλον κρεῖσσον	viel besser (vulgäre doppelte Steigerung)
11	* μειζότερος, -α, -ον	Vulgär-Komparativ zu: μέγας anstatt μείζων
	ἡ χαρά	die Freude
	οὐκ ἔχω μειζοτέραν χαράν, ἵνα ἀκούω . . .	ich habe keine größere Freude als zu hören . . .
	περιπατέω	umhergehen, gehen, wandeln

Lektion 14

2	πέμπω	schicken
	ἐρωτάω	fragen, bitten
3	τετήρηκαν	= τετηρήκασιν
4	καταβαίνω	herabkommen, gehen
	ἡ περιστερά	die Taube
5	νυνί	nun, jetzt (verstärktes νῦν)
	ἅπαξ	einmal (Zahladverb)
	* ἡ συντέλεια (συντελέω, τέλος)	die Vollendung, das Ende
	* ἡ ἀθέτησις (ἀθετέω)	die Vergebung
	ἡ θυσία	das Opfer
6	ὁ σταυρός	das Kreuz
7	ἦν ἐνδεδυμένος m. Akk.	er war bekleidet mit (sehr häufige Umschreibung aller Formen des Perfektstammes durch das Part. Perf. u. εἶναι)
	ἡ θρίξ, τριχός	das Haar
	αἱ τρίχες καμήλου	Kamelhaare
	* ὁ κάμηλος	das Kamel
	* δερμάτινος, -η, -ον	aus Haut, ledern
	* ἡ ὀσφῦς, -ύος	die Hüfte, Lende
	* ἔσθω = ἐσθίω	essen
	* ἡ ἀκρίς, -ίδος	die Heuschrecke
	* τὸ μέλι, -ιτος	der Honig
	* ἄγριος, -ία, -ιον	wild
8	δέω (unr.)	binden
	δήσω	
	δέδεμαι	

9		βάλλω (unr.)	werfen
		βέβλημαι	
	*	ὁ πυλών, -ῶνος	das Tor, die Vorhalle
10	*	ὀρθρινός, -ή, -όν	(frühmorgendlich), frühmorgens
		τὸ μνημεῖον	das Grab
	*	ἡ ὀπτασία	die Erscheinung, das Gesicht
		ὁράω (unr.)	sehen
		ἑώρακα	
11		εἴχοσαν, εἶχαν, εἶχον	3. Pers. Plur. Impf. zu ἔχειν
12		τοσοῦτος, τοσαύτη, τοσοῦτο (ον)	so groß, so viel
		τοσοῦτον χρόνον	so lange (adv. Akk. der Ausdehnung)
		γινώσκω (unr.)	erkennen
		ἔγνωκα	
13	*	ὁ δρόμος	der Lauf, die Laufstrecke
		τελέω (unr.)	vollenden, beenden
		τετέλεκα	
		λοιπόν	Adv.: 1. übrigens 2. hinfort
	*	ἀπόκειταί μοι	für mich liegt bereit, es erwartet mich
		ὁ στέφανος	der Kranz, die Krone
		ὁ κριτής	der Richter
		(κρίσις, κρίνω)	
	*	ἡ ἐπιφάνεια	das Erscheinen, die Wiederkunft
14		καθώς	wie
		(κατά, ὥς)	
	*	ὁμοῦ (Adv.)	zusammen, zugleich
	*	ὁ κύκλος	der Kreis
		κύκλῳ m. Gen.	im Kreis um, rund um jem.
		δυνατός, -ή, -όν	1. vermögend, fähig, stark; 2. möglich
		ὑπό m. Gen.	unter
	*	ἡ γωνία	die Ecke, der Winkel
	*	ὑποδύομαι (unr.)	sich unter etwas stellen
		ὑποδέδυκα ὑπό m. Akk.	
	*	ἡ πλευρά	die Seite
15		ἡ προσευχή	das Gebet
		(προσεύχομαι)	
	*	ἀπέναντι m. Gen.	gegenüber von
		(ἔναντι)	
		πρεσβύτερος, -α, -ον	älter, ziemlich alt
		(πρεσβύτεροι)	
	*	πέρυσι(ν)	voriges Jahr, früher
		ἀναγινώσκω	lesen
	*	τὸ βιβλαρίδιον	das Büchlein
16		τὸ εἶδος, -ους	die Erscheinung, Gestalt

Lektion 15

1	γρηγορέω	wachen, wachsam sein
	(ἐγείρω)	
	στηρίζω	stützen
	εὑρίσκω (unr.)	finden
	εὕρηκα	
	μνημονεύω	gedenken, sich erinnern
	(μνημεῖον)	
	λαμβάνω (unr.)	nehmen, empfangen
	εἴληφα	
2	ἀνοίγω (unr.)	öffnen
	ἀνέῳγα intr.	
*	πλατύνω (unr.)	breit o. weit machen
	πεπλάτυνται	
	3. Sg. Perf.	
3 *	ἔξυπνος, -ον	wach
	(ἐξ, ὕπνος)	
*	ὁ δεσμοφύλαξ, -κος	der Gefängniswärter
	(δέσμιος, φυλάσσω)	
	ἡ θύρα	die Tür
	(θυρίς)	
*	σπάω (unr.)	ziehen
	ἔσπασα	
	ἡ μάχαιρα	das Schwert
	μέλλω	im Begriff sein, wollen
	Impf. ἤμελλον o.	
	ἔμελλον	
	ἀναιρέω	beseitigen, töten
*	ἐκφεύγω (unr.)	entfliehen
	ἐκπέφευγα	
4	ἡ περιτομή	die Beschneidung, übertr.: die Beschnittenen
	λατρεύω	dienen
	πείθω (unr.)	überzeugen
	πέποιθα (Perf. 2)	ich bin überzeugt, vertraue
*	καίπερ m. Part.	wiewohl, obgleich
*	ἡ πεποίθησις, -εως	das Vertrauen, die Zuversicht
	(πείθω, πέποιθα)	
5	πάσχω (unr.)	leiden
	πέπονθα	
*	βοηθέω	helfen
6	κράζω (unr.)	schreien, rufen
	κέκραγα m. Präs.-bedeutg.	ich schreie
	(κραυγάζω)	

	ἔμπροσθεν m. Gen. (ἐν, πρό)	vor
	γίνομαι (unr.) γέγονα u. γεγένημαι	werden, geschehen
	πρῶτος, -η, -ον m. Gen. d. Vergleichs (πρό)	hier: eher, früher
7	γεννάω (γεννητός)	erzeugen, gebären
	ἔρχομαι (unr.) ἐλήλυθα	gehen, kommen
8	γράφω (γραμματεύς)	schreiben
9 *	ὁ ψαλμός	der Psalm
	ἡ μετάνοια (μετανοέω)	die Sinnesänderung, Umkehr, Buße
	ἡ ἄφεσις, -εως	die Entlassung, Vergebung
10	ταράσσω	erschüttern, aufregen
11 *	ἡ κατάκρισις, -εως (διάκρισις)	die Verurteilung
	περισσεύω m. Dat. (περισσός)	übrigsein, im Überfluß vorhanden sein; überreich sein an
	δοξάζω (δόξα)	rühmen
	δεδοξάσθαι	Herrlichkeit haben
	εἵνεκεν m. Gen.	wegen
*	ὑπερβάλλω (ὑπερβαλλόντως, ὑπερβολή)	übertreffen
	ὑπερβάλλων, -ουσα, -ον	überschwenglich, hervorragend
12 *	τὸ ἀπόκριμα, -τος (ἀποκρίνομαι)	der Bescheid, das Urteil
	ἔχω (unr.) ἔσχηκα	haben, halten
*	τηλικοῦτος, τηλικαύτη, τηλικοῦτο (οὗτος)	so groß; hier: so schrecklich
	ἔτι	noch, hier: ferner
13	προλέγω (unr.) προείρηκα	im voraus verkünden
	προεῖπον u. προείρηκα	schon zuvor (einmal) gesagt haben
	ἄρτι	jetzt, eben, hier: eben erst
	εὐαγγελίζομαι m. Akk.	jemandem verkünden

Lektion 16

1	οἶδα (präs. Perf.) ᾔδειν (impf. Plusqpf.) εἰδήσω o. εἴσομαι	wissen
3	χαρίζομαι (χάρισμα, χάρις)	aus Gnaden schenken
4	ὁ ἁγιασμός (ἁγιάζω)	die Heiligung
	ἀπέχομαι (ἀπό) m. Gen. (ἀπό, ἔχω)	sich einer Sache enthalten
	ἡ πορνεία	die Hurerei, Unzucht
	τὸ σκεῦος, -ους	das Gefäß, Gerät, hier entweder das Eheweib o der eigne Leib
	* κτάομαι (κτῆμα)	erwerben; hier: gewinnen, bewahren
	ἡ τιμή	die Ehre; hier: die Ehrbarkeit
	* τὸ πάθος, -ους (πάσχω)	das Leiden, die Leidenschaft
	καθάπερ (καθότι)	wie
5	* τρέμω	zittern
	ἡ θυγάτηρ, -τρός	die Tochter
	σῴζω (unr.) σέσωκα	retten
	ἴσθι	sei!, du sollst sein, 2. Sg. Imp. von εἶναι
	ὑγιής, -ές	gesund
	* ἡ μάστιξ, -γος	die Geißel; die Krankheit
6	ἔστω	er soll sein, er sei!, 3. Sg. Imp. von εἶναι
	ταχύς, -εῖα, -ύ (ταχύ)	schnell
	* βραδύς, -εῖα, -ύ	langsam
	ἡ ὀργή	der Zorn
8	ὁ πολίτης (πόλις)	der Bürger, Mitbürger
	μικρός, -ά, -όν	klein

Lektion 17

1	ἔξω (ἐξ)	außerhalb
	ἔσω (εἰς)	innerhalb

	κρίνω (unr.)	richten
	(vgl. 17,2.3)	
	κρινῶ	
	ἔκρινα	
	κέκριμαι	
	ἐκρίθην	
	(κρίσις)	
	οὐχί	verstärktes οὐ, οὐχ
	ἐξαίρω u. αἴρω (unr.)	wegnehmen, entfernen
	ἐξῆρα	
	τολμάω	wagen
	τὸ πρᾶγμα, -τος	die Sache, hier: Streitsache
	(πρᾶξις)	
	ἄδικος, -ον	ungerecht
	(ἀδικέω)	
*	ἔνι = ἔνεστιν	er, sie, es ist vorhanden
	διακρίνω (unr.)	entscheiden
	διέκρινα	
2	ἀποστέλλω (unr.)	(ent)senden, aussenden
	(vgl. 17,7.8)	
	ἀπέστειλα	
	ἀπέσταλκα	
	ἀπεστάλην	
	ἤδη	schon, bereits
3	δεικνύω	zeigen
	τρεῖς, τριῶν, τρισίν,	drei
	τρεῖς	
	Ntr. τρία	
	ἐγείρω (unr.)	aufwecken, auferwecken; aufrichten
	(vgl. 17,4.11)	
	ἐγερῶ	
	ἤγειρα	
	ἠγέρθην	
	τεσσεράκοντα	vierzig
	(δεκατέσσαρες)	
*	ἕξ	sechs
	(ἕκτος)	
	τὸ ἔτος, -ους	das Jahr
	μιμνῄσκομαι (unr.)	sich erinnern
	ἐμνήσθην	
	(μνημονεύω)	
4	κενός, -ή, -όν	leer
*	τὸ κήρυγμα, -τος	die Verkündigung, Botschaft
	(κηρύσσω)	

	* ὁ ψευδόμαρτυς, -ρος (ψεύδομαι, μαρτυρέω)	der falsche Zeuge
	κατά m. Gen.	gegen
	εἴπερ (εἰ)	wenn, wenn wirklich
5	μένω (unr.) (vgl. 17,6) μενῶ ἔμεινα	bleiben
	* ἐποικοδομέω (ἐπί, οἶκος)	aufbauen
	ὁ μισθός	der Lohn
	* οἰκέω (οἶκος)	wohnen
	* φθείρω (unr.) (vgl. 17,12) φθερῶ ἐφθάρην (φθορά)	verderben
6	ἡ ἐπαγγελία (ἄγγελος)	die Verheißung
	ἀγγέλλω (unr.) (καταγγέλλω)	melden, berichten, verkünden
	ἐπαγγέλλομαι (unr.) ἐπηγγειλάμην (ἀγγέλλω)	verheißen
7	* μονογενής, -ές (μόνος, γίνομαι)	einzig erzeugt, einzig
8	ἡ συναγωγή (σύν, ἄγω)	die Synagoge
9	παραγγέλλω (unr.) παρήγγελμαι (ἀγγέλλω)	befehlen
	* συντόμως	in Kürze, knapp
	* ἐξαγγέλλω (unr.) ἐξήγγειλα (ἀγγέλλω)	verkünden
	ἡ ἀνατολή	der Sonnenaufgang, Osten
	* ἡ δύσις, -εως	der Untergang, Westen
	ἐξαποστέλλω (unr.) ἐξαπέστειλα (ἀποστέλλω)	aussenden
	* ἄφθαρτος, -ον (φθείρω)	unvergänglich

10	ἡ παραβολή	das Gleichnis
	(παρά, βάλλω)	
	σπείρω (unr.)	säen
	ἔσπειρα	
	ἔσπαρμαι	
	ἐσπάρην	
11	ἀπέρχομαι	weggehen, hingehen
	(ἔρχομαι)	
	ἀποκτείνω (unr.)	töten
	ἀπεκτάνθην	
12	φοβοῦμαι μή m. Konj.	ich fürchte, daß
	πως	irgendwie
	(πῶς)	
	* ἐξαπατάω	betrügen, verführen
	* ἡ πανουργία	die Schlauheit, Tücke
	(πᾶν, ἔργον)	
	* τὸ νόημα, -τος	der Gedanke
	(μετανοέω)	
	* ἡ ἁπλότης, -τος	die Einfachheit, Schlichtheit
13	* ὁ τετραάρχης	der Vierfürst
	(τέσσαρες, ἄρχω)	
	* διαπορέω	in großer Verlegenheit sein
	φαίνομαι (unr.)	erscheinen
	ἐφάνην	
14	χαίρω (unr.)	sich freuen
	ἐχάρην	

Lektion 18

1	ἐπιγινώσκω (unr.)	erkennen, verstehen
	ἐπιγνώσομαι	
	ἐπέγνων	
	(γινώσκω)	
	τὸ τέλος, -ους	das Ende
	(τελέω)	
	τὸ καύχημα, -τος	der Ruhm
	(καυχάομαι)	
2	* τὸ εἰδωλόθυτον	das Götzenopferfleisch
	(θυσία)	
	γινώσκω (unr.)	erkennen
	(vgl. 18,1–4)	
	γνώσομαι	
	ἔγνων	
	ἔγνωκα	

		ἔγνωσμαι	
		ἐγνώσθην	
		οὔπω	noch nicht
		(οὐ)	
3		ἀναχωρέω	sich zurückziehen, weggehen
		τὸ ὄρος, -ους	der Berg
4		δουλεύω	(als Sklave) dienen
		(δοῦλος)	
	*	τὸ στοιχεῖον	das Element
		τὰ στοιχεῖα	1. die Elemente; 2. die Elementargeister und Gestirne
5		ἡ ἐλεημοσύνη	die Wohltat, das Almosen
	*	ἡ ἀριστερά (sc. χείρ)	die Linke
		ἡ δεξιά (sc. χείρ)	die Rechte
		κρυπτός, -ή, -όν	verborgen
		(κρύπτω)	
6		ἐγγύς	nahe
	*	ἡ σκηνοπαγία	das Laubhüttenfest
		βαίνω (unr.)	gehen
		μεταβαίνω (unr.)	an einen anderen Ort gehen, hinübergehen
		(vgl. 18,7.8)	
		μεταβήσομαι	
		μετέβην	
		μεταβέβηκα	
	*	ἐντεῦθεν	von da, von hier
		ἀναβαίνω (unr.)	hinaufgehen, hinaufziehen
		ἀνέβην	
		φανερῶς	offenbar, öffentlich
		(φανερός)	
7	*	ἡ ὑπάντησις, -εως	die Begegnung
		παρακαλέω (unr.)	auffordern, ersuchen
		παρεκάλεσα	
		(καλέω)	
		τὰ ὅρια	auch: das Gebiet
		ἐμβαίνω (unr.)	hineintreten
		ἐνέβην	
		τὸ πλοῖον	das Schiff
	*	διαπεράω	hinüberfahren
8	*	ἔνθεν	von hier

Lektion 19

1	δίδωμι	geben
	(παράδοσις, δόμα)	
2	πλήρης, -ες	voll
	(πληρόω)	
	ὑποστρέφω	zurückkehren
	ἐν m. Dat.	hier: 1. geleitet von; 2. in . . . hinein
	ἀνάγω	hinaufführen
	(ἄγω)	
	ἡ οἰκουμένη (sc. γῆ)	die (bewohnte) Erde
	(οἰκέω)	
*	ἡ στιγμή (χρόνου)	der Augenblick
	παραδίδωμι	übergeben; ausliefern, verraten
	(παράδοσις)	
	προσκυνέω	niederkniend huldigen, anbeten
3 *	τὸ μάννα	das Manna
	ἐσθίω (unr.)	essen
	ἔφαγον	
4	αἴρω	wegnehmen
*	ἀπαιτέω	zurückfordern
	(αἰτέω)	
5	τὸ πλῆθος, -ους	die Menge
	(πλήρης)	
	τι	irgendetwas
	ἀποδίδωμι	abgeben
	(τὸ μαρτύριον)	(Zeugnis) ablegen
	ἡ ἀνάστασις, -εως	die Auferstehung
6	τριάκοντα	dreißig
	τὸ ἀργύριον	das Silbergeld, Silbersekel (Werteinheit)
	(φιλαργυρία)	
*	ἡ εὐκαιρία	die günstige Gelegenheit
	(καιρός)	
	καθεύδω	schlafen
	λοιπόν	weiterhin
	(λοιπός)	
	ἐγγίζω	sich nähern, nahe herankommen
	(ἐγγύς)	
	ἄγω	(intr.) gehen
7	ἰδού m. Nom. ohne Verb. fin.	da kam
*	προέρχομαι	vor jem. hergehen
	(ἔρχομαι)	
*	τὸ φίλημα, -τος	der Kuß
	(φιλέω)	

8	διώκω	erstreben, trachten nach
	* ἐπισκοπέω (ὁ ἀλλοτριεπίσκοπος)	achtgeben, schauen auf
	μή m. Konj.	daß nicht
	ὁ πόρνος (πορνεία)	der Unzüchtige
	βέβηλος, -ον	gottlos, gemein
	ἀντί m. Gen.	anstatt, für (statt Gen. pretii)
	ἡ βρῶσις, -εως	die Speise
	ἀποδίδομαι	verkaufen
	* τὰ πρωτοτόκια (πρῶτος, τέκνον)	das Erstgeburtsrecht

Lektion 20

1	ὁ λύχνος (λυχνία)	die Lampe
	ἅπτω	anzünden
	* καλύπτω (ἀποκαλύπτω)	verhüllen, bedecken
	ὑποκάτω m. Gen. (ὑπό, κάτω)	unter
	* ἡ κλίνη	das Bett
	τίθημι	setzen, stellen, legen
	βλέπω	sehen, erblicken, aufpassen
2	τὸ τέρας, -ατος	das Wunder
	προστίθημι	hinzufügen, zuführen
	ὥστε m. Inf. bzw. AcI	daher
	* ἐκφέρω (φέρω)	hinaustragen
	* τὸ κλινάριον (κλίνη)	das Bett, die Bahre
	ὁ κράβατος	das Bett
	* ἡ σκιά	der Schatten
	* ἐπισκιάζω m. Dat.	jem. überschatten
3	ἐντέλλομαι (unr.) ἐντέταλμαι (ἐντολή)	einen Auftrag erteilen, befehlen
	τίθημί τινα εἴς τι	jem. zu etwas bestimmen
	εἶμι εἰς	dienen zu
	τὸ ἔσχατον (ἔσχατος)	das Ende

4 *	ὁ ἀρχιτέκτων, -ονος (ἄρχων)	der Baumeister
	ὁ θεμέλιος (τίθημι)	die Grundlage, das Fundament
	παρά m. Akk.	neben, im Vergleich zu, als
	κεῖμαι	gelegt sein, liegen
5 *	ὁ κῆπος	der Garten
	καινός, -ή, -όν	neu
*	οὐδέπω (οὔπω)	noch nicht
	ἐκεῖ	dort
	ἡ παρασκευή (σκεῦος)	der Rüsttag (Freitag)
6	τὸ μέτρον	das Maß
	μετρέω	messen
7	ἀφίημι	zurücklassen, hinterlassen
8	θεραπεύω	heilen
	ἔχω m. Adv.	sich verhalten, sich befinden, sein
	κακῶς ἔχω	krank sein
	ἡ νόσος	die Krankheit
	τὸ δαιμόνιον	der Dämon
	ἐκβάλλω (unr.)	hervorholen; austreiben
	ἀφίημι	1. zurücklassen, hinterlassen; 2. lassen, zulassen, gestatten
9	ἔρχομαι (unr.) ἦλθα	kommen
	ἐπιούσιος	zum Dasein gehörig, für den betreffenden oder für den folgenden Tag, zugehörig
	ἀφίημι (ἄφεσις)	1. zurücklassen, hinterlassen; 2. zulassen, gestatten; 3. erlassen, vergeben
*	τὸ ὀφείλημα, -τος (ὀφείλω)	die Schuld, Sünde
*	εἰσφέρω, εἰσήνεγκον (φέρω)	hineintragen, -bringen, -führen
	τὸ παράπτωμα, -τος (πίπτω)	das Vergehen, die Sünde
*	οὐράνιος, -ον (οὐρανός)	himmlisch, im Himmel wohnend
10	συνίημι u. συνίω (σύνεσις)	verstehen, einsehen, begreifen
	ἡ ἀκοή (ἀκούω)	das Hören
11 *	ἀγρυπνέω (ὕπνος)	wachen, wachsam sein
	πότε	wann

	ὁ καιρός	die (rechte) Zeit, Endzeit
	* ἀπόδημος, -ον (δῆμος)	auf Reisen (befindlich)
	* ὁ θυρωρός (θύρα, ὁράω)	der Türhüter
12	* ὁ συνανακείμενος (κεῖμαι)	der Tischgenosse
	εἰς m. Akk.: zuweilen = ἐν m. Dat.	in
13	* παρίημι	nachlassen, abspannen
	παρειμένος, -η, -ον	abgespannt, erschlafft, ermüdet
	* παραλύω (λύω)	entkräften, lähmen
	* ἀνορθόω (ὀρθός)	aufrichten
	* ἡ τροχιά (τρέχω)	der Weg, die Wagenspur
	ὁ πούς, ποδός (ποδήρης)	der Fuß
	χωλός, -ή, -όν	lahm
	* ἐκτρέπομαι (unr.) ἐξετράπην	1. (vom Wege) abbiegen; 2. sich ausrenken
	ἰάομαι ἰάθην (pass. Sinn) (ἰατρός)	heilen
14	* ὁ μακαρισμός (μακάριος)	die Seligpreisung
	ἡ ἀνομία (νόμος)	die gesetzwidrige Tat
	* ἐπικαλύπτω (καλύπτω)	verhüllen, bedecken

Lektion 21

1	καυχάομαι ἔν τινι	sich jemandes o. einer Sache rühmen
	συνίστημι u. συνιστάνω (ἡ ἀνάστασις)	empfehlen
	* δόκιμος, -ον (δοκιμάζω)	erprobt, bewährt
2	βασιλεύω (βασιλεύς)	König sein, herrschen
	* θνητός, -ή, -όν (ἀποθνήσκω)	sterblich
	εἰς m. subst. Inf.	so daß

	παριστάνω (unr.)	etwas als etwas bereit-, zur Verfügung stellen
	παρέστησα	
	(συνιστάνω)	
	* τὸ ὅπλον	das Werkzeug
	ὡσεί	als, wie
	(ὡς, εἰ)	
	ὑπό m. Akk.	unter (auf die Fragen: wo? u. wohin?)
3	ἀλλότριος, -α, -ον	fremd
	(ἄλλος)	
	στήκω	stehen
	(συνίστημι)	
	ἵστημι (unr.)	stellen, hinstellen, fest auf die Füße stellen
	ἔστησα	
	ἵσταμαι (unr.)	hintreten, stehen bleiben, feststehen
	σταθήσομαι	
	* δυνατέω	können, vermögen
	(δυνατός)	
4	εἰς οἶκον	nach Hause
	(οἶκος)	
	συνέρχομαι	zusammenkommen, sich versammeln
	(ἔρχομαι)	
	ὥστε m. Inf.	daher, so daß
	bzw. AcI	
	δύναμαι	können
	(δύναμις)	
	μηδέ	und nicht, aber nicht, auch nicht, nicht einmal (im Begehrssatz, bei Inf. u. Part.)
	(οὐδέ)	
	οἱ παρά τινος	die Angehörigen oder Freunde jemandes
	(παρά)	
	κρατέω	festhalten an, sich bemächtigen, festnehmen
	ἐξίστημι u. ἐξιστάνω (unr.)	von Sinnen, aus der Fassung bringen, verwirren
	ἐξίσταμαι (unr.)	von Sinnen kommen, verrückt werden
	ἐξέστην	
	ὁ ἄρχων	der Herrscher, Herr, Fürst
	δύναμαι (unr.)	können
	δυνήσομαι	
	ἵσταμαι (unr.)	hintreten, stehen bleiben, feststehen
	ἔστην o. ἐστάθην	
	ἀνίστημι (unr.)	aufstellen, aufstehen machen
	ἀνίσταμαι (unr.)	aufstehen, sich gegen jem. erheben
5	ἵσταμαι (unr.)	hintreten
	ἕστηκα	ich stehe
	εἱστήκειν	ich stand
	ἡ μήτηρ, -τρός	die Mutter

	παρίσταμαι (unr.)	herantreten
	παρέστηκα	ich stehe dabei, bin anwesend
6	* ἡ ἐπιταγή	der Auftrag, Befehl, das Gebot
	(ἐπιτάσσω)	
	* ἡ γνώμη	die Meinung, das Urteil
	(γινώσκω)	
	ἐλεέω	Mitleid haben
	Pass.	Erbarmen, Gnade empfangen
	* ἐνίστημι (unr.)	gegenwärtig sein, bevorstehen
	ἐνέστηκα	
	ἡ ἀνάγκη	der Zwang, die Not, Bedrängnis
	(ἀναγκαῖος)	
8	δύναμαι (unr.)	können
	ἠδυνήθην o.	
	ἠδυνάσθην	
	ὁ πνευματικός	der Geistesmensch
	* σάρκινος, -η, -ον	fleischlich, schwach, sündhaft
	(σάρξ)	
	νήπιος, -α, -ον	unmündig, unreif
	ἐν Χριστῷ	unmündiger, unreifer Christ
	* τὸ γάλα, γάλακτος	die Milch
	ποτίζω	jem. etwas trinken lassen, jem. etwas zu trinken geben
	τὸ βρῶμα, -τος	die Speise, feste Nahrung
	(βρῶσις)	
	* σαρκικός, -ή, -όν	fleischlich, schwach, sündhaft
	(σάρξ)	
9	* ἑτεροδιδασκαλέω	eine Irrlehre verbreiten
	(ἕτερος, διδάσκω)	
	προσέρχομαι m. Dat.	jem. beipflichten
	ὑγιαίνω	gesund sein, richtig sein (d. h. dem gesunden Menschenverstand entsprechend)
	(ὑγιής)	
	* τυφόομαι	aufgeblasen o. eitel o. dumm werden
	(τύφω)	
	ἐπίσταμαι	verstehen, wissen, kennen
	(ἵστημι)	
	* νοσέω περί m. Akk.	krank sein, leiden an
	(νόσος)	
	* ἡ ζήτησις, -εως	die Streitfrage
	(ζητέω)	
	* ἡ λογομαχία	das Wortgefecht
	(λόγος)	

Lektion 22

1	ἄν (‹ ἐάν) m. Konj.	wenn
	δείκνυμι (unr.)	zeigen
	δείξω	
	(δεικνύω)	
2	ὄμνυμι o. ὀμνύω m. Akk.	schwören bei
	ὁ ὅρκος	der Eid
	μήτε . . . μήτε . . .	weder . . . noch . . .
	(οὔτε . . . οὔτε . . .)	
3	* ἔγκειμαι	dringend mahnen
	(κεῖμαι)	
	* ὁ ἀνθύπατος	der Prokonsul
	ὄμνυμι o. ὀμνύω (unr.) m. Akk.	schwören bei
	ὤμοσα	
	* ἡ τύχη	das Glück
	* λοιδορέω	beschimpfen, schmähen
4	ἀπόλλυμι	vernichten, verlieren
	(ἡ ἀπώλεια)	
5	ἀπόλλυμι	vernichten, verlieren
	ἀπολέσω o. ἀπολῶ	
	ἀπώλεσα	
	ἕνεκα m. Gen.	um . . . willen, wegen
6	βάλλω	werfen; hier: einfüllen
	νέος, -α, -ον	neu
	(νεότης)	
	ὁ ἀσκός	der Schlauch
	παλαιός, -ά, -όν	alt
	(πάλαι)	
	εἰ δὲ μή γε	andernfalls
	* ῥήγνυμι	zerreißen (tansitiv)
	ῥήγνυμαι	zerreißen (intransitiv)
	ἐκχέω	ausgießen, verschütten
	ἀπόλλυμαι	zugrunde- o. verlorengehen
	ἀμφότεροι, -αι, -α	beide
	* συντηρέω	(vor Schaden) bewahren
	(τηρέω)	
7/8	ἀπόλλυμαι (unr.)	zugrunde- o. verlorengehen
	ἀπωλόμην	
	ἀπόλωλα	
	ὁ οἶκος	das Haus, die Nachkommenschaft, das Geschlecht
9	εἴσειμι	hineingehen
	τὸ χρυσίον	das (gemünzte) Gold

10	γίνομαι εἰς m. Akk.	kommen nach
	* ἀσμένως	freudig, gern
	* ἀποδέχομαι (δέχομαι)	aufnehmen
	* ἔπειμι (εἴσειμι)	hinzukommen
	ἡ ἐπιοῦσα (ἡμέρα)	der folgende Tag
	παραγίνομαι	ankommen, hinzukommen

Lektion 23

1	* ἡ πατριά (πατήρ)	das Geschlecht, der Stamm, die Familie
	* ἀπογράφομαι (γράφω)	sich in die Steuerliste eintragen
	* μνηστεύω	freien, um eine Braut werben
	* ἔγκυος, -ον	schwanger
	πίμπλημι (unr.) ἐπλήσθην	anfüllen, erfüllen
	τίκτω (unr.) ἔτεκον	gebären
	* πρωτότοκος, -ον (πρῶτος, τίκτω)	erstgeboren
2	ὤφθην σοι	hier: ich bin dir erschienen
	* προχειρίζομαι (χείρ)	für sich auserwählen
	ὁ ὑπηρέτης	der Diener
	ὁ μάρτυς, μάρτυρος (μαρτυρέω, μαρτυρία)	der Zeuge
	* ἐξαιρέομαι (αἵρεσις, αἱρετίζω)	für sich herausreißen, sich erwählen; hier: erretten
	τὸ σκότος – ους	das Dunkel, die Finsternis
	ὁ κλῆρος	das Los, der Anteil, Erbe
3	* καταράομαι	verfluchen
	κλαίω	weinen
4	* ὑπερβαίνω m. Akk.	sich Übergriffe erlauben, sich verfehlen gegen jem.
	* πλεονεκτέω	übervorteilen
6	φημί Infinit.: φάναι Partiz.: φάσκων Imperf.: ἔφην	sagen
	πρίν meist mit Inf. o. AcI	bevor, ehe

	ὁ ἀλέκτωρ, -ορος	der Hahn
	φωνέω	rufen; hier: krähen
	(φωνή)	
	τρίς	dreimal
	(τρεῖς)	
7	* παρατηρέω	argwöhnisch beobachten, belauern
	(τηρέω)	
	* ἐγκάθετος, -ον	zum Auflauern aufgestellt; substantivisch: der Aufpasser
	* ὑποκρίνομαι	sich verstellen, heucheln
	ὁ ἡγεμών, -ονος	der Anführer, Fürst; hier: Statthalter
8	νοέω	mit dem Verstand wahrnehmen, erkennen
	(ὁ νοῦς)	
	* τὰ φαινόμενα	die sichtbaren Erscheinungen
	(φαίνεσθαι)	
	παρά m. Akk.	an, entlang, neben; hier: im Vergleich zu
	προσφέρω (unr.)	hintragen, bringen
	προσήνεγκον	
	μαρτυρέομαι	mir wird bezeugt, ich erhalte Zeugnis (persönl. Pass. zu μαρτυρέω)
	ἐπί m. Dat.	auf; hier: auf Grund von
	τὸ δῶρον	das Geschenk, die Gabe
	(δίδωμι)	
	* μετατίθημι	an einen anderen Ort versetzen, entrücken
	* ἡ μετάθεσις, -εως	die Entrückung
	* εὐαρεστέω	gut gefallen
	(εὖ ἀρέσκω, εὐάρεστος)	
	ἀδύνατος, -ον	unmöglich
	* ἐκζητέω	aufspüren, angestrengt suchen nach
	* ὁ μισθαποδότης	der Entlohner
	(μισθός, ἀποδίδωμι)	
	ἡ κληρονομία	das Erbteil, Erbe
	(κλῆρος)	

Lektion 24

1	* ὑπερασπίζω m. Gen.	beschützen
	(ὑπέρ)	
	* ἡ βοήθεια	die Hilfe
	(βοηθέω)	
	τὸ ἅγιον	hier: das Heiligtum

	* ἀντιλαμβάνομαι (unr.) m. Gen. ἀντελαβόμην (λαμβάνω)	sich jemandes o. einer Sache annehmen
	* τὸ ὁλοκαύτωμα, -τος (ὅλος)	das Brandopfer
	* πιαίνω (unr.) ἐπίανα	fett machen
	* τὸ διάψαλμα, -τος (ψαλμός)	hebr. Sela, Hinweis darauf, daß an dieser Stelle ein musikal. Zwischenspiel einsetzt
	ἡ βουλή (βούλομαι)	der Beschluß; der Wille
	ἀγαλλιάω u. ἀγαλλιάομαι (ἀγαλλίασις)	jubeln, frohlocken
	* τὸ σωτήριον (σωτηρία)	das Rettungsmittel, Heil
	* μεγαλύνω (μέγας)	groß machen
	* τὸ αἴτημα, -τος (αἰτέω)	die Bitte
2	ἀφαιρέω u. ἀφαιρέομαι (unr.) ἀφειλόμην o. ἀφειλάμην (αἵρεσις, ἀναιρέω)	wegnehmen
	δοκέω (unr.) ἔδοξα	glauben, scheinen
	δοκεῖ	auch: es scheint mir gut, ich beschließe
3	ἄν mit Optativ	bezeichnet den Potentialis, drückt eine gemilderte Behauptung aus
	* ὁποῖος, -α, -ον	wie beschaffen, wie
	* παρεκτός m. Gen.	außerhalb; hier: abgesehen von
4	* ἐννεύω (νεύω)	zunicken, zuwinken
	* τὸ πινακίδιον	das Täfelchen
5	* κακόω (κακός)	Böses zufügen, schlecht behandeln
	ἀλλά	hier: vielmehr
	* ἀγαθοποιέω (ἀγαθός, ποιέω)	gut handeln
	* κακοποιέω (κακός, ποιέω)	übel handeln
6	τὸ πρόσωπον	das Gesicht, hier: die Oberfläche

	* ὁρίζω (ὅριον)	festsetzen
	* προστάσσω (πρόσταγμα)	bestimmen
	* ἡ ὁροθεσία (ὅριον, τίθημι)	die bestimmte, feste Grenze
	* ἡ κατοικία (κατοικέω)	der Wohnsitz
	* ψηλαφάω	berühren, ertasten
	μακράν (μακρός)	weit
7	χαρίζομαι	schenken; hier: ausliefern
	πρὶν ἤ	= πρίν
	κατηγορέω	anklagen, Anklage erheben
	κατὰ πρόσωπον	hier: persönlich gegenwärtig
	* ὁ κατήγορος	der Ankläger
	* τὸ ἔγκλημα, -τος (ἐγκαλέω)	der Vorwurf
8	εὐχαριστέω (εὖ, χάρις)	Dank sagen
	* ἡ μνεία (μιμνῄσκομαι)	die Erinnerung, das Gedenken
	μνείαν ποιοῦμαι	gedenken
	ἡ ἐπίγνωσις, -εως (γνῶσις)	die Erkenntnis
10	* ἐκπερισσῶς (ἐκ, περισσός)	übermäßig, hier: ausdrücklich
	δέῃ	Konjunktiv zu δεῖ
	* συναποθνῄσκω m. Dat. (σύν, ἀποθνῄσκω)	mit jemandem zusammen sterben
11	* ποταπός, -ή, -όν	von welcher Beschaffenheit o. Art, was für ein
	ἅπτομαι	anfassen, anrühren

Verzeichnis der Eigennamen

Abweichend von der Schreibweise in einigen Texten sind auch bei den indeklinablen Eigennamen Akzente als Betonungshilfe gesetzt worden.

Ἀαρών, ὁ, indekl.	Aaron, Bruder des Moses	6,4
Ἅβελ, ὁ, indekl.	Abel, Sohn Adams	23,8
Ἀβραάμ, ὁ, indekl.	Abraham, Stammvater des Volkes Israel	23,8
Ἀγρίππας, α, ὁ	Agrippa I. (10v–44 nChr), Sohn des Aristobul, Enkel Herodes des Großen. Von 41–44 Herrscher über ganz Palästina	
	Agrippa II. (27–92/93 nChr), Sohn des vorigen. Ihm wird Paulus vorgeführt	11,6
Ἀζαρίας, ου, ὁ	Asarja, am babylonischen Hofe Abed-Nego genannt, einer der drei Jünglinge im Feuerofen	5,7
Αἴγυπτος, ου, ἡ	Landesname für Ägypten	5,2
Ἀνδρέας, ου, ὁ	Andreas, Bruder des Simon Petrus, einer der Zwölf	5,4
Ἀπολλῶς, ῶ, ὁ	Apollos; ein Christ alexandrinischer Herkunft, Missionar in Ephesus und Korinth	8,1
Ἀχαία, ας, ἡ	Achaia, römische Provinz seit 146 vChr, umfaßte Attika, Böotien und die Peloponnes	4,9
Βαραββᾶς, ᾶ, ὁ	Barabbas. Jüdischer Aufrührer, dessen Freilassung die Volksmenge im Prozeß gegen Jesus von Pilatus fordert	7,1
Βαρναβᾶς, ᾶ, ὁ	Barnabas, Levit aus Cypern, Glied der frühen Christengemeinde in Jerusalem, später Begleiter des Paulus	9,6
Βεεζεβούλ, ὁ, indekl.	Beezebul, ursprünglich phönizische Gottheit, im NT Fürst der Dämonen	21,4
Βηθλέεμ, ὁ, indekl.	Bethlehem, judäische Stadt, 7 km südlich von Jerusalem; Heimat Davids, Geburtsort Jesu	23,1
Βηθσαϊδά, ἡ, indekl.	Bethsaida, Ortschaft nördlich vom See Genezareth gelegen	9,7
Γαλιλαία, ας, ἡ	Galiläa, seit dem Exil der nördlichste Teil Palästinas	5,4
Δαυίδ, ὁ, indekl.	David, König von Juda und Israel	20,14
Δημήτριος, ου, ὁ	hier: Demetrius II. aus dem Hause der seleuzidischen Herrscher, König von 145–138 und 129–125 vChr	5,5
Ἑβραῖος, ου, ὁ	der Hebräer, Bezeichnung der Nationalität der Juden im Gegensatz zu den Heiden	2,8
Ἕλλην, ηνος, ὁ	der Grieche; im weiteren Sinn auch der Heide, d. h. der, der unter dem Einfluß der griechischen (heidnischen) Kultur steht	4,3
Ἐλύμας, α, ὁ	cypriotischer Magier, der auch Barjesus hieß	5,13

Ἑνώχ, ὁ, indekl.	Henoch, Sohn Jareds und Vater Methusalems, Gn 5,18ff	23,8
Εὕα, ας, ἡ	Eva, Frau Adams	17,12
Εὔτυχος, ου, ὁ	Eutychus, junger Christ in Troas	5,8
Ἔφεσος, ου, ἡ	Ephesus, Hauptstadt der römischen Provinz Asia, bedeutende Hafen- und Handelsstadt Kleinasiens	9,3
Ζαχαρίας, ου, ὁ	Zacharias, Priester, Vater Johannes' des Täufers	24,4
Ἠλίας, ου, ὁ	Elias, Prophet aus dem 9. Jahrhundert	1,9
Ἡρῴδης, ου, ὁ	Herodes, Name idumäischer Dynasten. Hier der Tetrarch Herodes Antipas, von 4v–39 nChr Herrscher über Galiläa und Peräa	17,13
Ἠσαΐας, ου, ὁ	Jesaja, Prophet aus dem 8. Jahrhundert	20,10
Ἠσαῦ, ὁ, indekl.	Esau, Bruder Jakobs	19,8
Ἰακώβ, ὁ, indekl.	Jakob, Patriarch, Sohn Isaaks	7,8 u. 24,1
Ἰάκωβος, ου, ὁ	Jakobus; hier der Herrenbruder, ein führendes Mitglied und später Leiter der ältesten Gemeinde	13,8 u. 22,10
Ἰγνάτιος, ὁ	Ignatius, Bischof von Antiochien Anfang des 2. Jahrhunderts nChr	1,1
Ἱεροσόλυμα, ων, τά	Jerusalem; Hauptstadt Judäas	13,3 u. öfter
Ἰησοῦς, οῦ, ὁ	Jesus	1,6 u. öfter
Ἰησοῦς Χριστός, οῦ, ὁ	wörtlich: Jesus, der Gesalbte. Doch wird Christus bald Eigenname	1,1 u. öfter
Ἰορδάνης, ου, ὁ	Jordan, der Hauptfluß Palästinas	19,2
Ἰουδαία, ας, ἡ	Judäa, südlicher Teil Palästinas	18,6
Ἰουδαϊσμός, οῦ, ὁ	Judentum; jüdische Art zu glauben und zu leben	6,1
Ἰουδαῖος, ου, ὁ	der Jude	1,6 u. öfter
Ἰούδας Ἰσκαριώτης, ου, ὁ	Judas Ischarioth, einer der Zwölf, der Jesus verriet. Die Bedeutung des Beinamens ist dunkel; man bezieht ihn am ehesten auf die Herkunft des Judas aus Kerioth im südlichen Judäa	19,6.7
Ἰσραήλ, ὁ, indekl.	Israel = das Volk Israel	1,2 u. öfter
Ἰσραηλίτης, ου, ὁ	der Israelit, Angehöriger des Volkes Israel	2,8
Ἰωάννης, ου, ὁ	hier: Johannes der Täufer	7,7; 14,4; 17,13
Ἰωάννης, ου, ὁ	hier: Johannes, Sohn des Zebedäus, einer der Zwölf, führendes Mitglied der ältesten Gemeinde	22,9
Ἰωσήφ, ὁ, indekl.	Joseph, Vater Jesu	23,1
Ἰωσήφ, ὁ, indekl.	Joseph, Patriarch, Sohn des Jakob	7,8
Κάϊν, ὁ, indekl.	Kain, Sohn Adams	23,8
Καῖσαρ, αρος, ὁ	der (römische) Kaiser	22,3
Καφαρναούμ, ἡ, indekl.	Kapernaum, Ortschaft am See Genezareth	11,9
Κηφᾶς, ᾶ, ὁ	Kephas, aramäischer Beiname des Simon, griechisch: Petrus	8,1
Κορίνθιος, ου, ὁ	Einwohner von Korinth	15,2
Κόρινθος, ου, ἡ	Korinth, seit 27 vChr Hauptstadt der Provinz Achaja	4,9

Λάζαρος, ου, ὁ	Lazarus, Bettler im Gleichnis Jesu vom reichen Mann und armen Lazarus	14,9
Μάρθα, ας, ἡ	Schwester der Maria und des Lazarus von Bethanien	14,1
Μαρία, ας, ἡ	1. ἡ τοῦ Κλωπᾶ, Maria, die Frau des Klopas	21,5
	2. ἡ Μαγδαληνή, Maria aus dem Ort Magdala, auf der Westseite des Sees Genezareth	21,5
Μαριάμ, ἡ, indekl.	Maria, die Mutter Jesu	23,1
Μωϋσῆς, έως, ὁ	Moses, Gesetzgeber der Juden	5,2 u. öfter
Ναζαρέθ, ἡ, indekl. Ναζαρέτ	Nazareth, Heimatstadt der Eltern Jesu	23,1
Ναζαρηνός, ου, ὁ	der Nazarener, aus Nazareth stammend	5,3
Ναζωραῖος, ου, ὁ	der Nazoräer, Bezeichnung Jesu, die ihn ursprünglich wohl als »Geweihten« kennzeichnen wollte	5,1
Παῦλος, ου, ὁ	Paulus, Apostel	4,9 u. öfter
Πέτρος, ου, ὁ	Petrus, einer der Zwölf. Siehe auch unter Simon und Kephas	2,7 u. öfter
Πιλᾶτος, ου, ὁ	Pilatus, römischer Prokurator von Judäa 26–36 nChr	7,1; 12,6; 15,8
Πιόνιος, ου, ὁ	Pionius, Presbyter in Smyrna, erlitt um 250 den Märtyrertod	3,3
Ποθεινός, οῦ, ὁ	Potheinos, Bischof von Lyon, erlitt 177/78 den Märtyrertod	6,5
Πολύκαρπος, ου, ὁ	Polykarp, Bischof von Smyrna, erlitt 167/68 den Märtyrertod	22,3
Ῥωμαῖος, ου, ὁ	römisch; der römische Bürger	24,7
Ῥωμανός, οῦ, ὁ	Romanos, bedeutendster byzantinischer Dichter, lebt 491-518 nChr unter Kaiser Anastasios in Konstantinopel	10,2
Ῥώμη, ης, ἡ	Rom, Hauptstadt des römischen Imperiums	9,13
Σαμαρίτης, ου, ὁ	der Samariter, Bewohner der Landschaft Samaria, zwischen Judäa und Galiläa	22,8
Σαμουήλ, ὁ, indekl.	Samuel, wirkte am Ende der Richterzeit und während der Regierung Sauls (vor 1000 vChr)	6,4
Σάρδεις, εων, αἱ	Sardes, alte Hauptstadt von Lydien	15,1
Σιδών, ῶνος, ἡ	Sidon; alte phönizische Königsstadt an der Mittelmeerküste, nicht weit von Tyrus	9,7
Σίμων, ωνος, ὁ	Simon, mit dem Beinamen Petrus, einer der Zwölf	5,4
Σίμων, ωνος, ὁ	Simon, aus dem Hause der Hasmonäer, Hoherpriester 143–134 vChr	5,5
Σιών, ἡ, indekl.	Zion, ein Hügel innerhalb Jerusalems, auch Bezeichnung für die Stadt selbst	24,1
Σπαρτιάτης, ου, ὁ	Spartiat, Bewohner der griechischen Stadt Sparta	5,5
Τιμόθεος, ου, ὁ	Timotheus, Freund und Arbeitsgenosse des Paulus	4,9
Τύρος, ου, ἡ	Tyrus, Stadt an der Mittelmeerküste, nicht weit von Sidon	9,7

Φαραώ, ὁ, indekl.	Pharao, Titel der ägyptischen Könige, dann zum Eigennamen geworden	5,2
Φαρισαῖος, ου, ὁ	Pharisäer, wörtl. der »Abgesonderte«. Name der streng gesetzestreuen Richtung im Judentum zur Zeit Jesu	10,7 u. öfter
Φῆστος, ου, ὁ	Porcius Festus, Prokurator in Palästina als Nachfolger des Felix. Unter ihm kommt Paulus vor das kaiserliche Gericht nach Rom	24,7
Φίλιππος, ου, ὁ	Philippus, einer der Zwölf	14,12
Χλόη, ης, ἡ	Chloe, eine Christin in Korinth	8,1
Χοραζίν, ἡ, indekl.	Chorazin, galiläische Ortschaft, 3 km nördlich des Sees Genezareth	9,7
Χριστιανός, οῦ, ὁ	der Christ	3,3
Χριστός, οῦ, ὁ	Christus, wörtlich der »Gesalbte«, bald zum Eigennamen geworden	1,3 u. öfter
Χριστὸς Ἰησοῦς, οῦ, ὁ	Christus Jesus, vgl. Jesus Christus	3,3 u. öfter